A Concise Course on Intellectual Property

知识产权

简明教程

主　编　王救文　姚晓波
副主编　彭盛开　罗志宏　焦学军

中山大学出版社
·广州·

版权所有　翻印必究

图书在版编目（CIP）数据

知识产权简明教程/王救文，姚晓波主编；彭盛开，罗志宏，焦学军副主编. —广州：中山大学出版社，2008.8
ISBN 978-7-306-03137-2

Ⅰ.知… Ⅱ.①王… ②姚… ③彭… ④罗… ⑤焦… Ⅲ.知识产权—高等学校—教材 Ⅳ.D913

中国版本图书馆 CIP 数据核字（2008）第 106730 号

出 版 人：	叶侨健
策划编辑：	周建华
责任编辑：	周建华
封面设计：	曹巩华
责任校对：	海　生
责任技编：	何雅涛
出版发行：	中山大学出版社
电　　话：	编辑部（020）84111996，84113349
	发行部（020）84111998，84111981，84111160
地　　址：	广州市新港西路 135 号
邮　　编：	510275　传真：（020）84036565
网　　址：	http://www.zsup.com.cn　E-mail: zdcbs@mail.sysu.edu.cn
印 刷 者：	虎彩印艺股份有限公司
规　　格：	787 mm×960 mm　1/16　8.5 印张　176 千字
版次印次：	2008 年 8 月第 1 版　2017 年 9 月第 9 次印刷
定　　价：	17.00 元

本书如有印装质量问题影响阅读，请与出版社发行部联系调换

《知识产权简明教程》编委会

主　编：王救文　姚晓波
副主编：彭盛开　罗志宏　焦学军
编　委：童中春　张亚男　胡顺义

前　言

为了落实胡锦涛总书记在党的十七大报告中提出的"实施知识产权战略"目标，普及知识产权知识，推动大学生知识产权教育培训活动的开展，在广东省知识产权局、广东省中山市知识产权局的支持下，我们组织编写了《知识产权简明教程》。本教材是为在校大学生进行知识产权保护教育而编写的，也可作为一般管理干部、工程技术人员普及知识产权法律教育的简明读本。

本书重点介绍了知识产权的基本概念、知识产权法律的主要条款以及国内外知识产权保护的基本常识；全书共分总论、知识产权保护、著作权、专利权、商标权、反不正当竞争、商业秘密等七章，具有以下特点：

一是吸收了国内外知识产权保护的新成果，并加以消化，形成易读、易懂、易操作的知识产权保护方面特色的普及教材。

二是结合了广东省中学知识产权教育读本（初、中、高级版）和本科知识产权专业教材特点，并与之接轨。

三是每章内容后面列有分析思考题，并附有2～3个相关案例，每个案例提出了法理分析要点，供学习者自己分析案由与法理。

本书写作分工：第一、三章：王救文；第二章：姚晓波；第四章：罗志宏；第五章：彭盛开；第六章：彭盛开，童中春；第七章：胡顺义，张亚男。全书由王救文、姚晓波统稿。

本教材的编写得到了中山职业技术学院领导的指导和支持，在此表示深深的感谢。在编写过程中参阅了大量文献，并上网查阅了大量资料，受益匪浅。在书后选主要者一一列出，谨致谢意。

编　者
2008年5月15日

目 录

第一章 总论 ……………………………………………………………… (1)
  第一节 知识产权的基本概念与特征 …………………………… (1)
    一、知识产权的基本概念 …………………………………… (1)
    二、知识产权的特征 ………………………………………… (3)
  第二节 知识产权的主体与客体 ………………………………… (6)
    一、知识产权的主体 ………………………………………… (6)
    二、知识产权的客体 ………………………………………… (8)
  第三节 知识产权立法框架与法律体系 ………………………… (11)
    一、知识产权立法框架 ……………………………………… (11)
    二、知识产权法律体系 ……………………………………… (13)
  分析与思考 …………………………………………………………… (14)
  案例 …………………………………………………………………… (14)

第二章 知识产权保护 ………………………………………………… (18)
  第一节 我国知识产权保护 ……………………………………… (18)
    一、知识产权的保护 ………………………………………… (18)
    二、我国知识产权保护现状 ………………………………… (21)
  第二节 世界知识产权保护 ……………………………………… (24)
    一、世界知识产权组织 ……………………………………… (24)
    二、主要国际公约、条约 …………………………………… (27)
    三、世界知识产权保护的基本原则与方法 ………………… (34)
  分析与思考 …………………………………………………………… (38)
  案例 …………………………………………………………………… (38)

第三章 著作权 ………………………………………………………… (40)
  第一节 著作权概述 ……………………………………………… (40)
    一、我国著作权保护的对象 ………………………………… (40)
    二、我国著作权不保护的对象 ……………………………… (42)

第二节 著作权的基本内容 (43)
一、著作权的主体及权利 (43)
二、著作人身权与财产权 (47)
三、著作权的取得和期间 (49)
四、邻接权 (50)

第三节 著作权的使用与保护 (52)
一、著作权的许可使用 (52)
二、著作权的限制 (53)
三、著作权的法律保护 (55)

第四节 计算机软件的著作权保护 (57)
一、计算机软件获得法律保护的条件 (58)
二、计算机软件著作权的归属 (59)
三、计算机软件著作权的侵权行为及法律责任 (61)

分析与思考 (61)

案例 (62)

第四章 专利权 (67)

第一节 专利权的主体与客体 (67)
一、专利权的主体 (67)
二、专利权的客体 (68)

第二节 专利权的获得 (69)
一、授予专利权的条件 (69)
二、专利申请的原则 (70)
三、专利申请的审查批准 (71)

第三节 专利权的保护 (72)
一、专利权人的权利和义务 (72)
二、专利权的限制 (74)
三、专利权的保护期、终止和无效 (75)
四、专利权的保护 (75)

分析与思考 (77)

案例 (78)

第五章 商标权 (82)

第一节 商标权及其主体 (82)
一、《商标法》的基本原则 (82)
二、商标权的主体 (84)

第二节 商标注册 (84)
一、商标注册的条件 (85)
二、商标注册的申请和审核 (86)

第三节 注册商标的管理与保护 (90)
一、商标专用权的内容 (90)
二、注册商标的期限、续展和终止 (93)
三、注册商标的无效 (94)
四、注册商标的保护 (95)

分析与思考 (98)

案例 (99)

第六章 反不正当竞争 (102)

第一节 概述 (102)
一、不正当竞争行为的概念和特征 (102)
二、反不正当竞争法的基本原则 (103)

第二节 不正当竞争行为及其法律责任 (104)
一、假冒、混淆和误导行为 (104)
二、滥用权力行为 (105)
三、商业贿赂行为 (105)
四、引人误解的虚假宣传行为 (106)
五、侵犯商业秘密行为 (107)
六、倾销排挤行为 (107)
七、商业诽谤行为 (108)
八、搭售和附加不合理条件交易行为 (108)
九、不正当有奖销售行为 (109)
十、通谋投标行为 (109)

第三节 不正当竞争行为的监督检查 (110)
一、监督检查部门 (110)
二、监督检查部门的职权 (110)

  分析与思考 …………………………………………………………… (111)
  案例 ………………………………………………………………………… (111)

第七章 商业秘密 ……………………………………………………… (115)
 第一节 概述 …………………………………………………………… (115)
 第二节 商业秘密的法律特征与侵权行为 ……………………………… (116)
  一、商业秘密的法律特征 ………………………………………………… (116)
  二、侵犯商业秘密的行为 ………………………………………………… (117)
  三、不应视为侵害商业秘密的行为 ……………………………………… (117)
 第三节 商业秘密的法律保护 ………………………………………… (118)
  一、对商业秘密的民事保护 ……………………………………………… (118)
  二、对商业秘密的行政保护 ……………………………………………… (118)
  三、对商业秘密的刑法保护 ……………………………………………… (119)
 第四节 企业内部对商业秘密的保护 ………………………………… (119)
  一、企业内部商业秘密保护制度 ………………………………………… (119)
  二、现代企业商业秘密保护体系的建立 ………………………………… (120)
 分析与思考 …………………………………………………………… (121)
 案例 ………………………………………………………………………… (121)

参考文献 …………………………………………………………………… (125)

第一章 总　　论

第一节　知识产权的基本概念与特征

一、知识产权的基本概念

知识产权是人们基于自己的智力活动创造的成果和经营管理活动中的标记、信誉而依法享有的权利。将一切来自知识活动领域的权利概括为"知识产权",最早见之于17世纪中叶的法国学者卡普佐夫,后为著名比利时法学家皮卡第所发展。皮卡第认为,知识产权是一种特殊的权利范畴,它根本不同于对物的所有权。"所有权原则是永恒的,随着物的产生与毁灭而发生与终止;但知识产权却有时间限制。一定对象的产权在每一瞬息时间内只能属于一个人(或一定范围的人——共有财产),使用知识产品的权利则不限人数,因为它可以无限地再生。"此后,知识产权学说在国际上广泛传播,得到世界上多数国家和众多国际组织的承认。在我国,法学界曾长期采用"智力成果权"的说法,1986年《中华人民共和国民法通则》颁布后,开始正式通行"知识产权"的称谓;我国台湾地区则把知识产权称为"智慧财产权"。

知识产权有广义和狭义之分。

广义的知识产权包括著作权、邻接权、商标权、商号权、商业秘密权、产地标记权、专利权、集成电路布图设计权等各种权利。广义的知识产权范围目前已为两个主要的知识产权国际公约所认可。1967年签订的《成立世界知识产权组织公约》将知识产权的范围界定为以下类别:关于文学、艺术和科学作品的权利(即著作权);关于表演艺术家的演出、录音制品和广播节目的权利(即邻接权);关于人类在一切领域的发明的权利(即发明专利权及科技奖励意义上的发明权);关于科学发现的权利(即发现权);关于工业品外观设计的权利(即外观设计专利权或外观设计权);关于商标、服务标志、厂商名称和标记的权利(即商标权、商号权);关于制止不正当竞争的权利(即反不正当竞争权);以及一切在工业、科学、文学或艺术领域由于智力活动产生的其他权利。世界贸易组织1994发布的《与贸易有关的知识产权协议》划定的知识产权范围包括：著作权（版权）及其有关权利（邻接权）；商标权；地理标志权；工业品外观设计权；专利权；集成电路布图设计权；未披露过的信息权（商业秘密权）。

1986年通过的《中华人民共和国民法通则》第五章"民事权利"分列"所有权"、"债权"、"知识产权"、"人身权"四节，其中第三节"知识产权"第94～97条明文规定了著作权、专利权、商标权、发现权、发明权以及其他科技成果权。

狭义的知识产权，即传统意义上的知识产权，包括著作权（含邻接权）、专利权、商标权三个主要组成部分。一般来说，狭义的知识产权可以分为两个类别：一类是文学产权，包括著作权及与著作权有关的邻接权。另一类是工业产权，主要是专利权和商标权。文学产权是关于文学、艺术、科学作品和传播者所有的权利，它将具有原创性的作品及传播这种作品的媒介纳入其保护范围，从而在创造者"思想表达形式"的领域内构建了知识产权保护的独特领域。工业产权则是指工业、商业、农业、林业和其他产业中具有实用经济意义的一种无形财产权，确切地说，工业产权应称为"产业产权"。以工业产权一词来概括产业领域的智力成果专有权，最初始于法国。1789年的法国《人权宣言》将思想作为精神财产，视为"自然和不可废除的人权"，并确认"自由传达思想和意见是人的最宝贵的权利之一"。根据《人权宣言》的精神，法国国民议会于1791年通过该国第一部专利法。在此以前，英国和法国都称专利权为"特权"或"垄断权"。当时法国专利权的起草人德布孚拉认为，"特权"或"垄断权"的提法可能会遭到资产阶级革命时期立法会和反封建特权的人民的反对，因而提出了"工业产权"的概念。德布孚拉的工业产权理论在1791年的法国专利中得到充分的反映，"工业产权"一词后来为世界各国所接受，并以此作为专利、商标等各种专有权的统称。

文学产权（或称为著作权）与工业产权是知识产权的传统的基本分类。自20世纪60年代起，由于工业产权与著作权（版权）长期渗透和交叉的结果，又出现了给予工业产品以类似著作权保护的新型知识产权，即工业版权。工业版权的立法动因，始于纠正工业品外观设计享有专利法和著作权法重叠保护的弊端。以后，一些国家为了填补某些工业产品无法保护的空白和弥补单一著作权保护的不足，遂将集成电路布图设计等纳入到工业版权客体的范畴。工业版权突破了以往关于著作权与工业产权的传统分类，吸收了两者部分内容，形成了亦此亦彼的"交叉权利"。这种权利的主要特点是：受保护对象必须具有新颖性（专利法要求）和独创性（著作权法要求）；实行工业产权法中的注册保护制和较短保护期；专有权人主要享有复制权和发行权，没有著作权主体享有的那种广泛权利。

无形财产权（或无体财产权）是知识产权的另一称谓。在一些西方国家，相关立法与学说曾以无形财产权来概括有关智力创造性成果的专有权利。自1967年签订《成立世界知识产权组织公约》后，知识产权的概念开始在国际上广泛使用，但有些西方学者仍继续沿用无形财产权的说法。其实，以知识产权名义所统领的各项权利，并非都是来自知识领域，亦非都是基于智力成果而产生。从权利本源来看，主要发生于智力创造活动与工商经营活动；从权利对象来看，则由创造性知识及商业性标记、信誉所构成。因此，以客体的非物质性作为权利分类的标准，概括出区别一般财产所有权的精神权利，"无形财产权"较之"知识产权"似乎具有更大的包容性。法律制度意义上的无形财产权可以包括以下三类：一是创造性成果权，包括著作权、专利权、商业秘密权、集成电路布图设计权、植物新品种权等。该类权利保护的对象都是人们智力活动创造的成果，一般产生于科学技术、文化等知识领域，客体具有一定程度的创造性是其取得法律保护的必要条件。二是经营性标记权，包括商标权、商号权、产地标记权、其他与制止不正当竞争有关的识别性标记权等。该类权利保护的对象为标示产品来源和厂家特定人格的区别标记，主要作用于工商经营活动之中。可区别性是该类客体的基本特征，法律保护的目的即是防止他人对此类标记的仿冒。三是经营性资信权，包括特许专营权、特许交易资格、商誉权等。其权利保护的对象系工商企业所获得的优势及信誉，这种专营优势与商业信誉形成了特定主体高于同行业其他一般企业获利水平的超额盈利能力。该类权利客体所涉及的资格或信誉包括明显的财产利益因素，但也有精神利益的内容。

二、知识产权的特征

知识产权是一种新型的民事权利，是一种有别于财产所有权的无形财产权。知识产权的客体即知识产品（或称为智力成果），是一种没有形体的精神财富。客体的非物质性是知识产权的本质属性所在，也是该项权利与传统意义上的所有权最根本的区别。严格地讲，权利作为主体凭借法律实现某种利益所可以实施行为的界限和范围，本质上是一种主观拟制物。因此，知识产权与相关权利的本质区别，不是所谓该项权利的无形性，而在于其权利客体即知识产品的非物质性特征。

知识产品无形是相对于动产、不动产之有形而言的，它具有不同的存在、利用、处分形态：

第一，不发生有形控制的占有。由于知识产品不具有物质形态，不占有一定的空间。人们对它的占有不是一种实在而具体的占据，而是表现为对某种知识、经验的认识与感受。知识产品虽具有非物质性特征，但它总要通过一定的客观形式表现出来，作为其表现形式的物化载体是有形财产权而不是知识产权。

第二，不发生有形损耗的使用。知识产品的公开性是知识产权产生的前提条件。由于知识产品必须向社会公示、公布，人们从中得到有关知识即可使用，而且在一定时空条件下可以被若干主体共同使用。上述使用不会像有形物使用那样发生损耗，如果无权使用人擅自利用了他人的知识产品，亦无法适用恢复原状的民事责任形式。

第三，不发生消灭知识产品的事实处分与有形交付法律处分。知识产品不可能有因实物形态消费而导致其本身消灭之情形，它的存在仅会因期间（即法定保护期）届满与否产生专有财产与社会公共财富的区别。同时，有形交付与法律处分并无联系，换言之，非权利人有可能不通过法律途径去"处分"属于他人而自己未实际"占有"的知识产品。

基于上述特征，国家有必要赋予知识产品的创造者以知识产权，并对这种权利实行有别于传统财产权制度的法律保护。

知识产权作为无形财产权的本质属性，决定了它具有以下基本特征：

（一）知识产权的专有性

知识产权是一种专有性的民事权利，它同所有权一样，具有排他性和绝对性的特点。不过，由于知识产品是精神领域的成果，知识产权的效力内容又不同于所有权的效力内容。知识产权的专有性主要表现在两个方面：第一，知识产权为权利人所独占，权利人垄断这种专有权利并受到严格保护，没有法律规定或未经权利人许可，任何人不得使用权利人的知识产品；第二，对同一项知识产品，不允许有两个或两个以上同一属性的知识产权并存。

例如，两个相同的发明物，根据法律程序只能将专利权授予其中的一个，而以后的发明与已有的技术相比，如无突出的实质性特点和显著的进步，也不能取得相应的权利。知识产权同所有权一样都具有独占或排他的效力，著作权法保护作者对文学艺术和科学作品的专有权，专利法保护发明人或设计人对发明创造的专利权，商标法保护注册人对注册商标的专有权。概言之，法律赋予该类权利以专有或独占的性质。专有性是知识产权的法律特征，但就各类知识产权来说，其表现的形式和内容未尽相同。著作权的专有性表现在权利人对其作品的专有使用权；而专利权从其字意上说就是权利人对"利"的独占权，即发明创造的专有实施权；就商标而言，亦称商标专用权，其权利人的独占使用权和排除他人使用的禁止权则构成该类专有权的完整内容。

（二）知识产权的地域性

知识产权作为一种专有权在空间上的效力并不是无限的，而是要受到地域的限制，即具有严格的领土性，其效力只限于本国境内。知识产权的这一特点有别于有形财产权。一般来说，对所有权的保护原则上没有地域性的限制，无论是公民从一国移居另一国所带来的财产，还是法人因投资、贸易从一国转入另一国的财产，都照样归权利人所有，不会发生财产所有权失去法律效力的问题。而无形财产权则不同，按照一国法律获得承认和保护的知识产权，只能在该国发生法律效力。除签订有国际公约或双边互惠协定的以外，知识产权没有域外效力，其他国家对这种权利没有保护的义务。随着工业化的进程，尤其是经济发展的日益全球化，知识产品的国际性需求与知识产权的地域性限制之间出现了巨大的矛盾。为了解决这一矛盾，各国先后签订了一些保护知识产权的国际公约，成立了一些全球性或区域性的国际组织，在世界范围内形成了一整套国际知识产权保护制度。但是，知识产权的地域性并没有动摇，是否授予权利、如何保护权利，仍须由各缔约国按照其国内法来决定。至20世纪下半叶，由于某些区域内国家在经济上、政治上以及法律传统上的统一和接近，通过国际公约使得知识产权具有跨区域的法律效力，在一定程度上动摇了知识产权的地域性，但总的说来，知识产权依然保留着其严格的地域性特征。

（三）知识产权的时间性

知识产权不是没有时间限制的永恒权利，时间性的特点表明：知识产权仅在法律规定的期限内受到保护，一旦超过法律规定的有效期限，这一权利就自行消灭，相关知识产品即成为整个社会的共同财富，为全人类所共同使用。这一特点是知识产权与有形财产的主要区别之一。知识产权在时间上的有限性，是世界各国为了促进科学文化发展、鼓励智力成果公开所普遍采用的原则。建立知识产权制度的目的在于采取特别的法律手段调整因知识产品创造或使用而产生的社会关系，这一制度既要促进文化知识的广泛传播，又要注重保护知识产品创造者的合法利益，协调知识产权专有性与知识产品社会性之间的矛盾。知识产权时间限制的规定，反映了建立知识产权法律制度的社会需要。根据各类知识产权的性质、特征及本国实际情况，各国法律对著作权、专利权、商标权都规定了长短不一的保护期。著作权的保护期限，主要是对作者的财产权而言的，即作者只能在一定期限内享有对作品的专有使用权和获得报酬权。关于专利权的保护期限，各国专利法都作了长短不一的具体规定，其规定依据主要有二：一是社会利益与权利人利益的协调，二是发明技术价值的寿命。关于商标的保护期限，各国也规定有不同的有效期限。其中，采取"注册在先原则"的国家，商标权有效期自注册之日起算；采用"使用在先原则"的国家，只有在商标使用后才能产生权利，因此其有效期自使用之日起算。商标权与著作权、专利权有所不同的是，它在有效期届满后可以续展，通过不断的续展，商标权可以延长实际有效期。法律之所以这样规定，就在于文学艺术作品和发明创造对于社会科学文化事业的发展有着更重要的意义，因此必须规定一定的期限，使智力成果从个人的专有财产适时地变为人类公有精神财富。

知识产权的上述特征，是与其他民事权利特别是所有权相比较而言的，是具有相对意义的概括和描述。这并不意味着各类知识产权都具备以上全部特征，例如，著作权不具有国家授予的特点,商业秘密权不受时间性限制,产地标记权不具有严格的独占性意义。从本质上说,只有客体的非物质性才是知识产权所属权项的共同法律特征。

第二节　知识产权的主体与客体

一、知识产权的主体

从权利的角度来看,知识产权的主体即为权利所有人,包括著作权人、专利权人、商标权人等;从法律关系的角度来看,知识产权关系的主体则为权利人。本书所称的权利主体即是各类知识产权的所有人。这里所说的人,既可以是自然人,也可以是法人,在一定条件下还包括非法人以外的其他组织以至国家。与一般民事主体制度不同,知识产权法中关于"人"的用语,都是自然人和法人及其他组织的统称,所谓"著作权人"、"专利申请人"、"商标注册人"等,实际上都是指享有此类权利的自然人和法人及其他组织。

知识产权的主体需具备何种资格,他们享有何种权利,这是由国家法律直接规定的。与一般财产权的主体制度相比较,知识产权的主体制度具有以下特点:

(一) 知识产权的原始取得,以创造者的身份资格为基础,以国家相关管理部门认可或授予为条件

原始取得,是指财产权的第一次产生或者不依靠原所有人的权利取得财产权。一般财产所有权的取得,有生产、孳息、先占等方式,其原始取得概无主体的特定身份要求,除不动产及个别动产外,亦无需国家机关特别授权。

知识产权的原始取得则不同,其权利产生的法律事实包括创造者的创造性行为和国家机关的授权性行为。在知识产品的生产、开发活动中,创作行为或发明创造行为在本质上属于事实行为,任何人都可以通过自己的智力劳动取得知识产品创造者的身份。知识产权主体制度的身份原则具有两个特点:第一,创造者的身份一般归属于直接从事创造性智力劳动的自然人,但在有的情况下也可能归属于组织、主持创造活动并体现其意志或承担相应责任的法人;第二,创造者的身份与一般身份所依存的血缘关系、婚姻关系或其他社会关系无涉,它既是智力创造活动这一事实行为的结果,又是行为人取得知识产权的前提。此外,在知识产权的原始取得中,国家机关的授权行为是知识产权主体

资格最终得以确认的必经程序。除著作权、商业秘密权等个别情形外，知识产权的取得一般需由国家机关依法授予或确认。

（二）知识产权的继受取得，往往是不完全取得或有限制取得，从而产生数个权利主体对同一知识产品分享利益的情形

在民法学理论上，继受取得区别于原始取得有两个标准：一是意志特征，即继受取得须根据物（或知识产品）的原所有人的意志才能发生；二是权利来源，即继受取得是以原所有人的权利为根据并通过权利移转方式才能发生。

在知识产权领域，基于继受取得的原因，同一知识产品之上拥有若干权利主体的情形普遍存在：

（1）某类知识产权具有人身权和财产权双重属性的，在发生权利转移时，继受主体不能继受专属于创造者的人身权利，而只能享有该类知识产权的财产利益，即人身权与财产权为不同主体所分享。

（2）某类知识产权仅是不完全转让的（如许可权），继受主体只能在约定的财产权项上享有利益，如同所有权与其人身权能分离一样，在原始主体依然存在的情况下，还会产生一个或数个拥有部分权利的不完全主体，即财产权的诸项权能为不同主体所分享。

（3）某类知识产权的转让同时在不同地域范围进行的，若干受让人只能在各自的有效地域内行使权利。原知识产权所有人虽丧失主体资格，但在不同的地域却可能产生若干相同的新的知识产权所有人，即各个继受主体彼此独立地对同一知识产品享有同一性质的权利。

（三）知识产权法对外国人的主体资格，主要奉行"有条件的国民待遇原则"

民事主体依国籍情况可以分为本国人和外国人。各国知识产权法关于外国人的主体资格，有不同的规定。著作权法的通行规定是，外国人创作的作品在同一境内首先发表的，应当享受与该国公民作品同等的保护；不在该国境内首先发表的，则根据国家之间的双边条约或共同参加的国际公约，或在互惠基础上给予保护。工业产权法的通行规定是，在本国境内有经常居所或营业所的外国人享有与本国人同等的待遇；在境外的外国人，依照其所属国与本国缔结的双边条约或共同参加的国际公约，或按照互惠原则办

理。这些规定说明，知识产权法主要采用有条件的国民待遇原则，只要符合上述规定的情形之一，外国人即可与本国人享有同等的权利，而在权利的范围和内容上不加限制。

国民待遇原则是国际知识产权制度的基本原则。这一原则包括两个方面的含义：一是在知识产权的保护上，国际公约的成员国必须在法律上给予其他成员国的国民与本国国民所享有的同样待遇；二是对非成员国国民，只要其作品在该国境内首先发表（著作权法），或在该国有经常居所，或有实际从事工商业活动的营业所（工业产权法），也应当享有同该成员国国民相同的待遇。国民待遇原则打破了知识产权地域性效力的限制，使一国的权利人在其他国家也得到保护。允许外国人与本国人享有同等的民事地位，旨在保护本国人在国外的知识产权利益不受侵犯，同时也是为了吸引外国先进技术和优秀文化。因此，这一原则得到世界各国的确认。

二、知识产权的客体

知识产权的客体，是人们在科学、技术、文化等知识形态领域中所创造的精神产品，即知识产品。知识产品是与物质产品（即民法意义上的物）相并存的一种民事权利客体。

（一）知识产品的概念

权利客体的范畴，或者说法律对何种对象予以保护，是由统治阶级的国家意志以及一定社会的物质生产条件所决定的。我国 2007 年颁布的《物权法》在规范民事权利客体时，将财产分为动产、不动产和"法律规定的权利"，并把它们统一概括到"物"的概念中。这种物既可以是有形物，即具有实体存在，可以被人们感知的物，包括一切动产和不动产；也可以是无形物，即没有实体存在，而由人们主观拟制的物，包括与物有关的各种权利（如用益物权、担保物权）和与物无关的其他权利（如著作权、工业产权）。

知识产权是知识财产关系在法律上的反映。在知识产权保护期限内，权利人可以独占使用其作品或发明，或是通过许可合同将作品与发明的使用权转让给他人，以取得财产利益。这说明，知识产权本身也是财产的一部分，从而构成所有权或债权的客体。从广义的物（财产）的概念来说，知识产权即是一种无形物，在财产关系中可以作为客体物来占有或转让。

知识产权是一种新型的民事权利，是近代商品经济和科学技术发展的产物。在 20 世纪 60 年代以前，知识产权尚未成为国际上广泛使用的法律概念，人们一般将基于创造性精神产品所取得的权利称为无形财产权，因此，诸如作品、发明等客体均视为无形财产。在我国，曾有一段时期，许多学者基于"智力成果权"的理论，相应地将其客体归结为"智力成果"，并且强调其价值不能用货币衡量。

自20世纪80年代以来，随着我国技术商品化的发展和知识产权制度的建立，许多学者主张建立"知识产品"的理论范畴，即把知识产权的客体概括为知识产品。1982年中共中央《关于经济体制改革的决定》与1984年《关于科学技术管理体制改革的决定》，不仅对我国现阶段存在着的商品经济做出了正确的说明，而且第一次明确承认"技术已成为独立存在的知识形态的商品"。1986年，《中华人民共和国民法通则》颁布，正式使用"知识产权"这一概念以取代"智力成果权"的传统说法。在国外，已有学者对知识产权的客体做出过精辟的概括和表述。"知识产权"概念的倡导者，比利时法学家皮卡弟曾将知识产权称为"使用知识产品的权利"。我们认为，知识产品的用语，描述了知识形态产品的本质涵义，强调这类客体产生于科学、技术、文化等精神领域，是人类知识的创造物，明显表现了客体的非物质性；同时，知识产品的本质内涵，突出了它是创造性劳动的产物，且在商品经济条件下具有商品意义，从而反映了知识产权所包含的财产权性质。

（二）知识产品的类别

与知识产权的基本分类相适应，知识产品可以概括地分为两类：一是作品及其传播媒介，二是工业技术和工业标志。前者产生于文化领域，后者产生于工业领域。

作品及其传播媒介，泛指文学艺术领域中以不同表现形式出现并且具有原创性的智力成果（著作权客体），以及在传播作品过程中产生的与原创作品有关联的各种产品、物品或其他传播媒介（邻接权客体）。作为著作权客体的作品，可以概括地分为文学作品、艺术作品和科学作品；作为邻接权客体的传播媒介，主要包括艺术表演、音像录制品、广播节目。这类知识产品的共同特点是：它们都是文化领域中的知识创作成果，其成果与创造者的创作活动和传播活动有关；它们都是创造者思想结晶的客观表现形式，包括文字或符号形式、形象形式、音像形式以及有关的技术表现形式。

工业技术，一般是指在工业、农业、商业等产业领域中能够物化在物质载体上的知识和技能。它是根据科学原理和生产实践经验而发展形成工艺操作方法与技能，以及与这些方法与技能相适应的生产工具和其他物质设施。在法律上，工业技术可以表现为取得工业产权的各类专利技术，也可以表现为取得其他知识产权的技术秘密以及受到新型知识产权即工业版权保护的工业产品。

工业标志，一般是指在工业、农业、商业等产业领域中能够标示产品来源和厂家特定人格的区别标记，包括商标、商号、产地、名称等在内的工业标志，是人们生活中所见最多的标志。工业标志具有标志艺术的一般特点：

（1）标记性。工业标志的主要职能在于区别商品和生产商品的厂家，使人们易于识别，防止误认。

（2）宣传性。工业标志主要作用于工商业活动中，以实现其对特定商品、厂家或产地的宣传效果。

（3）适应性。工业标志能在多种场合使用，不但可以注明于商品及包装材料上，还能使用于多种宣传媒介的制作。工业标志作为工业产权和其他知识产权的客体，是企业重要的无形财产。

（三）知识产品的基本特点

知识产品具有文学艺术创作、发明创造以及经营标志等多种表现形式，但它们都具有以下基本特点：

1. 创造性

创造性是知识产品取得法律保护的前提条件。强调知识产品具有创造性的特点，并不是说物质产品没有创造性。问题的关键在于创造性是知识产品构成知识产权客体的条件，而物质产品构成有形财产所有权客体时并没有创造性的一般要求。就某类具体的知识产品来说，其创造性程度的要求是各不相同的。一般来说，专利发明所要求的创造性最高，它必须是该项技术领域中先进的科学技术成就，它所体现的技术思想、技术方案必须使某一领域的技术发生质的飞跃。著作权作品所要求的创造性次之，它要求作品必须是作者创造性劳动的成果，但任何作品只要是独立构思和创作的，不问其思想内容是否与他人作品相同或类似，均可取得独立的著作权。而商标所要求的创造性仅达到易于区别的程度即可，即商标应当具有显著特征，便于识别，其文字、图形或其组合应避免与他人的商标构成混同。总的来说，专利权要求发明具有"技术先进性"（或称为"非显而易见性"），著作权要求作品具有"独创性"（或称为"原创性"），而商标权则要求商标具有"可识别性"（或称为"易于区别性"）。

2. 非物质性

非物质性是知识产品区别于有形财产所有权客体的主要特征。所谓非物质性，即是知识产品的存在不具有一定的形态（如固态、液态、气态等），不占有一定的空间。人们对它的"占有"不是一种实在而具体的控制，而是表现为认识和利用。某一物质产品，在一定的时空条件下，只能由某一个人或社会组织来实际占有或使用，所有人能够有效地管领自己的有形财产，以排除他人的不法侵占。而一项知识产品则不同，它可以为若干主体同时占有，被他们共同使用。知识产品一旦传播，即可能为第三人通过非法途径所"占有"。知识产品创造者虽然具有非物质性特点，但总是要通过一定的客观形式的载体表现出来，使知识产品创造者以外的人能够了解，这种客观表现形式是对其进行知识产权保护的条件之一。例如，作品表现为文字著述、舞台表演、绘画、雕塑、音像制品等；发明创造表现为文字叙述、设计图表、形状构造等；商标表现为图案、色彩、符号、文字等。这些客观形式的载体，是知识产品的物化。必须明确，作为知识产品表现形式的载体，绝不是知识产品本身；知识产品的效能和价值是载体所难以全部包括和体现的。

3. 公开性

知识产品必须向社会公示、公布，使公众知悉，公开性是知识产品所有人取得知识产权的前提，而有形财产所有人并无将其财产公开的义务。在各项知识产权中，其客体都表现了公开性特征。作者创造作品的目的之一，就是使之传播，并在传播中得以行使权利、取得利益；发明创造者要划定自己的权利范围，就必须公布专利的技术内容。商标所有人为了将自己的商品同他人的商品区别开来，就要使用自己的商标标志。无论是"使用在先原则"的国家，还是在"注册在先原则"的国家，要取得商标权，或是首先使用商标，或是首先申请商标注册，这些行为无一不同公开性相联系。一般认为，知识产权的产生条件是：知识产品所有人将自己的作品、发明创造等公布出来，使公众看到、得到其中的专门知识；而公众承认他们在一定时期内有使用、制造其知识产品的专有权利。知识产品是公开的，但非权利人无权加以使用，否则即构成侵权。需要指出的是，属于知识形态产品的技术秘密并不具有公开性，它是依靠保密来维持其专有权利的。在法律制度中，技术秘密并不受传统知识产权的保护，仅由合同法或其他法律来调整，但技术秘密权具有无形财产权的本质特征。现代立法表明，技术秘密现已经成为知识产权的保护对象。

第三节 知识产权立法框架与法律体系

知识产权法是调整因智力成果而产生的各种社会关系的法律规范的总和，它是国际上通行的确认、保护和利用著作权、工业产权以及其他智力成果专有权利的一种法律制度。

一、知识产权立法框架

自 17~18 世纪以来，工业生产领域中开始广泛采用科学技术成果，从而在资本主义市场中产生了一个保障知识产品私有的法律问题。资产阶级要求法律确认对知识产品的私人占有权，他们寻求不同于以往财产法的新的法律制度，以作为获取财产权利的新方式：在与商品生产直接有关的科学技术发明领域出现了专利权，在商品交换活动中起着重要作用的商品标记范畴出现了商标权，在文学艺术作品以商品形式进入市场的过程中出现了著作权。这些法律形式最后又被扩大为知识产权。

几百年来，根据智力劳动成果和社会关系性质的不同，各国立法者先后建立了专利法、著作权法、商标法等一整套法律制度。这些法律规范相互配合，构成了调整有关知识产品的财产关系和人身关系的法律体系——知识产权法。一般认为，知识产权法在立法框架上应包括以下基本制度：

（1）知识产权的主体制度。知识产权的主体是知识形态商品生产者和交换者在法律上的资格反映。什么人可以构成知识产权法律关系，享有何种权利或承担何种义务，是由国家法律所直接规定的。

（2）知识产权的客体制度。知识产权的保护对象即知识产品是一种有别于动产、不动产的精神财富或无形财产。什么样的知识产品能够成为权利客体而受到保护，通常需要有法律上直接而具体的规定。

（3）知识产权的权项制度。知识产权是知识财产法律化、权利化的表现。由于知识产品的类型不同，其权利的内容范围也有所区别。除少数知识产权类型具有人身与财产的双重权能内容外，大多数知识产权即是知识财产权。

（4）知识产权的利用制度。知识形态商品关系的横向联系，即知识产品的交换和流通在法律上表现为知识产权的转让及使用许可等。法律承认文化交流、图书贸易、技术转让等各种流转形式，保护知识产品的创造者、受让者、使用者各方的合法权益。

（5）知识产权的保护制度。知识产权的侵权与救济是知识产权保护制度的核心内容。知识产权法明文规定权利的效力范围，制裁各类直接及间接侵权行为，并提供民事、行政及刑事的多种法律救济手段。

（6）知识产权的管理制度。知识产权的取得、转让及消灭，必须遵照法律的规定，并接受主管机关的管理。法律一般规定有相关管理机关的职责，并赋予其对有关知识产权问题以行政调节、管理和处罚的权力。

知识产权法律制度产生的时间不长，我国知识产权的立法始于清朝末年，北洋政府与国民党政府也颁布过有关知识产权的法律，但这些法律在当时的社会条件下并未起到应有的作用。中华人民共和国成立后，由于种种原因，知识产权法制建设被长期搁置。近20年来，随着国家工作重心的转移，我国先后颁布了一系列知识产权法律、法规，迅速建立了知识产权的法律体系，在知识产权保护方面取得举世瞩目的巨大成就。1982年8月23日，全国人大常委会审议通过了《商标法》（1993年修订、2001年再次修订）；1984年3月12日，全国人大常委会审议通过了《专利法》（1992年修订、2000年8月再次修订）；1990年9月7日，全国人大常委会审议通过了《著作权法》（2001

年修订）；1993年9月2日，全国人大常委会审议通过了《反不正当竞争法》。1986年4月12日全国人大审议通过的《民法通则》还专节规定了知识产权。此外，我国还加入了《成立世界知识产权组织公约》（1980年）、《保护工业产权巴黎公约》（1985年）、《商标国际注册马德里协定》（1989年）、《关于集成电路知识产权条约》（1990年）、《保护文学艺术作品防止唱片被擅自复制日内瓦公约》（1993年）、《专利合作条约》（1994年）等。中国知识产权制度的建设虽然起步较晚，但在短短的20多年间，中国做了大量卓有成效的工作，走过了一些发达国家通常需要几十年上百年时间才能完成的立法历程，建立起了比较完整的知识产权法律体系。

二、知识产权法律体系

根据我国现行立法，参照国外有益经验和国际通行做法，我们认为，知识产权法律体系一般包括以下几种法律制度：

（1）著作权法律制度。以保护文学、艺术、科学作品的创作者和传播者的专有权利为宗旨，其客体范围除一般意义上的作品外，还应包括民间文学艺术和计算机软件。

（2）专利权法律制度。以工业技术领域的发明创造成果为保护对象，其专有权利包括发明专利权、实用新型专利权、外观设计专利权。

（3）工业版权法律制度。兼有著作权、专利权双重因素的新型知识产权，表现为集成电路布图设计专有权等。一般采取独立于著作权法与专利法之外的单行法规形式。

（4）商标权法律制度。一种主要的工业产权法律制度，其保护对象包括商品商标和服务商标。

（5）商号权法律制度。对工商企业名称或字号的专用权进行保护的法律制度，其立法形式既可采取单行法规形式，也可采取与商标权合并立法形式。

（6）产地标记权法律制度。以货源标记或原产地名称为保护对象，禁止使用虚假产地标记的法律制度。其立法形式一般规定在反不正当竞争法中，也可单行制定法规。

（7）商业秘密权法律制度。以未公开信息包括经营秘密和技术秘密为保护对象的法律制度。可以制定单行法规，亦可列入反不正当竞争法中。

（8）反不正当竞争法律制度。制止生产经营活动中不正当损害他人知识产权行为的专门法规，适用于各项知识产权制度无特别规定或不完备时需要给予法律制裁的侵害事实。

从世界范围说，知识产权法基本上采用单行法的立法体例。在我国的法律体系中，知识产权法属于民法的范畴。作为我国民事基本法的《民法通则》，将知识产权与物权、债权、人身权并列，作为民事权利的基本类别之一。同时，由于知识产权具有不同于其他民事权利的特点,因而采取了民事特别法的方式给予保护。知识产权法的调整对象系平等主体因创造或使用智力成果而产生的财产关系和人身关系,其调整手段和适用原则主要是民法手段和原则。至于行政法和刑法性质的规范,在知识产权中占有比例很小,不足以影响该法的性质。此外,也有学者主张,知识产权法是一个独立的法律部门,这是因为各项知识产权的制度已经构成一个相对完整的族系。因此,有的地区根据知识产权法独特的具有自己所有的调整对象和调整手段的情况,而单独设立法律部门。

分析与思考

1. 知识产权的涵义是什么?
2. 什么是"无形财产权"?
3. 知识产权的基本特征是什么?
4. 什么叫知识产权的主体、客体?
5. 知识产权的法律体系由哪几部分组成?

案 例

[案例1] 作品的独创性

王某民诉中国东某技术贸易总公司侵害著作权案

【案情介绍】

《五笔字型计算机汉字输入技术》(以下简称《五笔字型》)一书系王某民个人作品,于1985年10月出版发行。《电脑通用汉字输入法五笔字型(王码电脑产品技术说明书)》(以下简称《说明书》)系王某民与他人合作作品,该《说明书》一套共4册,于1990年12月出版发行,上述作品均以推广使用"优化五笔字型编码及其键盘使用方法"为主要内容。1992年2月,中国东某技术贸易总公司(以下简称"东某公司")出版《简繁五笔汉字系统资料》(以下简称《资料》),该资料一套4册,作为东南汉卡的配套资料随东南汉卡一并出售,以介绍"简繁五笔字根汉字输入系统"使用方法为主要内容。东某公司在《资料》之一《东南汉卡用户手册》的第八章介绍简繁五笔技术与五笔字型技术的区别,并对五笔字型技术作了简要介绍。该章的第四节以"五笔字型字根助记词"为题,全文使用了王某民所著的"五笔字型字根助记词"。该字根助记词全文共32句,200字。《东南汉卡用户手册》第三章第七节为简繁五笔技术的字根助记歌,该助记歌全文31句,214字。与王某民所著五笔字型字根助记词相比较,二者有21句韵脚相同。上述字根助记词和字根助记歌均是依各自技术的字根及所在区域编排而成。

《五笔字型》第十一章及《说明书》之二均为五笔字型编码本。《资料》之三为《简繁五笔汉字输入技术码本》。上述编码本均是在国家《信息交换用汉字编码符基本集GB 2312—80》所排列的汉字单字上加注该字相应的字根、编码等构成。对于《东南汉卡用户手册》是否存在对《五笔字型》及《说明书》抄袭、篡改问题，中国版权研究会版权鉴定专业委员会进行了鉴定。鉴定结论：被告东某公司的作品《东南汉卡用户手册》与原告相应作品对比，在描述对象、写作手法、修辞特点、整体结构和作品风格上明显不同，可以认定，上述作品是作者独立完成的。东某公司对《东南汉卡用户手册》在法定期限内享有著作权。鉴定委员会认为，被告的上述作品不构成对原告相应作品的抄袭和篡改。

原告诉称：被告出版发行的《东南汉卡用户手册》从描述对象、整体结构、写作手法等方面，抄袭、篡改了原告所著的《五笔字型》和《说明书》两部作品中的内容。其表现为：《东南汉卡用户手册》第一册的前七章抄袭了原告编写的上述文章框架和创意结构；在该册第八章中引用原告所著的字根助记词，而未注明作者姓名、作品名称；该册书第三章第七节的字根助记歌也是抄袭原告的字根助记词；另外，《东南汉卡用户手册》第三册的一半篇幅是将原告的五笔字型码本稍加改动后加以利用。被告的上述行为侵犯了原告享有的著作权。现要求被告停止侵害，在新闻媒介上公开道歉，并赔偿经济损失10万元。

被告辩称：《东南汉卡用户手册》是张某政独立编写的作品，它与原告诉称被侵权的描述对象、篇章结构、文字叙述和表现技术上均不相同。字根助记词仅是不含任何思想内容的用字根堆砌而成的顺口溜，它依附于各自技术的字根总表，受各自字根总表限制，因此，字根助记词不是著作权法意义上的作品。王某民从作品中抽出字根类汉字输入法等共同技术内容组成所谓"创意结构"，实际上是把科学理论事实、技术方法等技术内容作为表现形式，而科学理论、技术方法本身不属著作权法保护范围。原告诉称的被侵权作品中的码本，本身就是张某政实际创作完成的。因此，请求驳回原告的诉讼请求。

〖处理〗

一审法院判决：

1. 中国东某技术贸易总公司停止使用《简繁五笔汉字系统资料》之一，即《东南汉卡用户手册》第三章第七节所载字根助记歌；赔偿王某民300元。

2. 中国东某技术贸易总公司在《简繁五笔汉字系统资料》之一，即《东南汉卡用户手册》第八第四节五笔字型字根助记歌中注明原作者姓名。

判决后，原告不服，上诉北京市第一中级人民法院，二审法院判决驳回上诉，维持原判。

【法理分析要点】

独创性是作品取得著作权的主要条件之一，也是获得法律保护的客观依据。本案应该怎样正确认定作品的"独创性"？

[案例2]　专利权的主体

某海水淡化研究所诉牛某创造发明专利权归属案

【案情介绍】

原告诉称：牛某在本所工作期间，曾参加了"苦卤与氯化钾制取硫酸钾的方法"等几项发明创造的研制工作。其在调出本所时曾向本所出具了不侵犯本所"苦卤与氯化钾制取硫酸钾方法之工艺技术"等内容的保证书。但其在调离本所仅5个月的时间就违背其保证，以其为主要发明人、以石油院为申请人，于1993年5月申报了"一种用苦卤与氯化钾制取硫酸钾的方法"的发明专利。牛某的行为侵犯了我所的权益；石油院从牛某的侵权行为中获得了不应得的荣誉和经济利益。据此，请求将"一种用苦卤与氯化钾制取硫酸钾的方法"发明专利权判归我所所有，判令牛某向我所公开赔礼道歉，消除影响，判令牛某和石油院赔偿我所的经济损失18万元人民币。

被告辩称：对牛某的保证书不能理解为对其在今后的科研工作中所从事的本专业工作的限制，该保证书显然违反法律规定。另外，牛某调入石油院后，是协助石油院开展用苦卤与氯化钾制取硫酸钾的研究工作。石油院对该项目的研究与开发投入了大量人力、物力、财力，而且在该项目中采用了与海水所的科研成果及已申请专利的发明内容不同的工艺路线和条件，因此，石油院对该发明专利的申请及专利权的取得都是合法的，对海水所的诉讼请求应予驳回。

据查，海水所主要从事从海水卤水中提取钾、溴、镁盐技术的研究和开发。该所自1980年开始对制取硫酸钾的工艺方法进行研究，先后完成了"硫酸镁与氯化钾制取硫酸钾"和"混合盐与氯化钾制取硫酸钾"工艺技术的研制，并已获国家发明专利。在上述技术的基础上，海水所又进一步研究"苦卤与氯化钾制取硫酸钾"的工艺方法，在完成小试后形成了工艺方案。随后，海水所对该工艺方案中的分离工艺环节又进行了浮选法、沉降法和旋流法三种分离方法的研究实验。1992年8月，海水所将浮选法用于"苦卤与氯化钾制取硫酸钾"的工艺方法申请了发明专利，但至今尚未获得授权。

被告牛某原为海水所研究人员，自1987年9月至1992年12月25日调离之前，在海水所主要从事制取硫酸钾的研究工作，并作为主要研究人员之一参与了"混合盐制取硫酸钾"、"苦卤与氯化钾制取硫酸钾"等方面的研究工作。1992年12月25日，牛某从海水所调入石油院,牛某在调离前于12月1日向海水所出具保证书一份,保证不使用其在海水所期间所从事的上述研究工作中的有关技术、思路、数据和信息,不对外扩散。

牛某调入石油院之后,该院针对其专业和曾从事过的工作,在院材料室为其专门成立了有关课题组。1993年5月,牛某研究完成了"苦卤与氯化钾制取硫酸钾"的工艺技术。石油院将该技术作为职务发明创造,于同月14日向中国专利局申请了名为"一种用苦卤与氯化钾制取硫酸钾的方法"的发明专利,于1995年2月被授予发明专利,专利号93105556.3。专利文件中记载的发明人为牛某。

〘处理〙

某市中级人民法院经审理后,依据《中华人民共和国专利法》第6条第1款,《中华人民共和国专利法实施细则》第10条第1款第(三)项,第11条,《中华人民共和国民法通则》第134条之规定,于1996年4月30日判决如下:

1. "一种用苦卤与氯化钾制取硫酸钾的方法"之专利归海水所持有。
2. 海水所于本判决生效之日起10日内给付石油院因申请专利、维持专利权而发生的费用共计人民币5157元。逾期不付按万分之三计付赔偿金。
3. 牛某于本判决生效之日起20日内在《中国海洋报》上刊登向海水所公开赔礼道歉的声明,声明内容须本院审查,逾期不执行由法院公告,公告费用由牛某承担。
4. 驳回海水所的赔偿请求。

判决后,牛某、石油院均不服,向某市高级人民法院提起上诉。某市高级人民法院驳回上诉,维持原判。

〘法理分析要点〙

1. 何谓职务发明?职务发明的基本要件是什么?
2. 调动工作后做出的发明创造应该如何申请专利?

第二章 知识产权保护

第一节 我国知识产权保护

一、知识产权的保护

知识产权一经依法获得，即受法律保护。由于产权及其保护对象的特殊性，传统的财产权保护制度已不能完全适用，因此，知识产权法在保护范围和侵权行为方面有一些特殊规定。

（一）知识产权的保护范围

对于一般财产所有权来说，其客体为有形的动产或不动产，该类客体本身即可设定权利的保护范围。法律保护所有权人对其有形财产进行占有、使用、收益和处分的权能。不问客体物的内容、性能、用途、价值、表现形式如何，所有权对各个客体物所拥有的基本权能是一样的，所有权制度一般没有所谓限定保护范围的特别条款。

作为知识产权客体的精神产品是一种无形财产，它的保护范围无法依其本身来确定，而要求法律给予特别的规定。在限定的保护范围内，权利人对自己的知识产品可行使各种专有权利；超出这个范围，权利人的权利失去效力，即不得排斥第三人对知识产品的合法使用。例如，专利法规定，专利权人的专有实施权的范围以专利申请中权利要求的内容为准，即根据专利权所覆盖的发明创造的技术特征和技术幅度来确定；商标法规定，商标权人的专用权范围，则以核准注册的商标和核定使用的商品为限，其效力不及于近似的文字、图形和类似的商品。这表明，知识产权专有性只在法定范围内有效。为了防止创作者、创造者的专有权成为公众获取知识和整个社会发展、科学文化事业的障碍，知识产权法还允许权利人以外的其他人在一定条件下自由使用受保护的知识产品，例如，著作权法中的"合理使用原则"、"法定许可使用原则"，专利法中的"专利权用尽原则"、"临时过境使用原则"，专利法第63条规定的"先用权人使用原则"等，都是在知识产品的使用中对专有权利行使的限制，即是法律对知识产权保护范围的限定。

(二) 侵犯知识产权行为的基本特征

与侵犯有形财产所有权行为相比较，侵犯知识产权行为具有以下特征：

1. 侵害形式的特殊性

侵害财产所有权的行为，往往直接作用于客体物本身，主要表现为侵占、妨害和毁损。而侵害知识产权的行为主要表现为剽窃、篡改和仿冒，其施加影响的对象是作者、创造者的思想内容或思想表现形式，与知识产品的物化载体无关。

2. 侵害行为的高度技术性

侵害知识产权行为与具有智力创造性特征的知识产品的利用相联系，往往有相当程度的"技术含量"。该类侵权行为一般要凭借相应的手段，因而较之一般财产权侵害更具有隐蔽性和欺骗性，并由此增加侵权损害中因果关系的证明难度。

3. 侵害范围的广泛性

由于知识产品的非物质性和公开性特征，合法使用与侵权使用通常在同一时空条件下产生。在知识产品利用极为便利的条件下，使用行为极有可能构成侵权行为，且受侵害的对象往往不是某一单项权利。

4. 侵害类型的多样性

侵害知识产权有直接侵权行为与间接侵权行为之分。所谓间接侵权，是指行为人的行为本身并不构成侵权，但其行为帮助和导致了直接侵权的发生，因而对知识产权所有人造成了损害。间接侵权行为人与直接侵权行为人一起构成共同侵权。

(三) 侵犯知识产权行为的归责原则

侵权行为有一般侵权行为与特殊侵权行为之分。前者是指具有过错、损害事实、因果关系的基本构成要件，适用民法上一般责任条款的侵害行为；后者是指欠缺一般侵权行为构成要件，适用民法上特别规定或特别法规定的责任条款的侵害行为。侵权行为的性质不同，其适用的归责原则也不相同。

归责原则是确定不同种类侵权行为所应承担民事责任的标准和原则，它决定着一定侵权行为的责任构成要件、举证责任的负担、免责条件、损害赔偿的原则和方法等。关于侵犯知识产权行为的归责原则，我国相关法律未作明确规定。

1. 过错责任原则

以有无过错或过错大小作为确认是否承担责任或承担何种责任的依据，并在一般侵权行为中实行谁主张谁举证的原则。在侵犯知识产权领域，适用过错责任原则有着其国内法与国际法依据。我国《民法通则》对侵权行为采取二元归责原则体系：一般侵权行为适用过错责任原则，法律有特别规定的情形适用无过错责任原则。一般认为，侵犯知识产权（第118条）不属于法律特别规定的侵权行为，因此适用过错责任原则。对各国相关立法具有普遍指导意义的《知识产权协议》第45条第1款规定，对已知或有充分理由应知自己从事侵权活动之侵权人，司法当局应有权责令其向权利所有人支付赔偿费用。上述规定表明，过错责任原则是侵犯知识产权的一般归责原则。但是，过错责任原则采取"谁主张谁举证"，由于知识产权的特性所在，权利人既难以控制他人对知识产品的利用，也难以对他人这种利用的过错情况进行举证。

2. 无过错责任原则

这是不考虑行为人的过错与否，在法律明文规定应承担责任的情况下，仅根据损害事实本身即可确定责任的原则。基于这一原则，权利人无需就侵权人的过错进行举证，侵权人也不得以其无过错为由进行抗辩。无过错责任主要适用于"社会必要经济活动"所致之损害。大陆法系国家的民法典所规定的无过错责任原则主要适用于"工作物所有人"的责任，包括动物持有人、铁路持有人、航空器持有人、能源设备持有人等的责任。例如，德国《著作权法》第97条、《商标法》第14条规定，受害人对于有再次复发危险的侵权行为，可请求下达禁令的救济；如果侵权系出于过错，则可同时诉请获得损害赔偿。在英美法系国家，主要是通过判例的方法确认严格责任原则适用某些侵犯知识产权案件。严格责任较一般责任严格，但这种责任标准区别于绝对责任。在后者，如果应该避免的伤害事件发生，则当事人必须负责，而不论其如何尽到注意义务；在前者，行为人对于所负责任仍有一些有限抗辩事由可以援引，但不得以当事人已尽到合理注意为由进行抗辩。大陆法系国家一般并不采用严格责任的说法。我国多数学者认为，在美国等国家侵犯知识产权领域所采用的严格责任并非是无过错责任，而更接近过错推定责任原则。

3. 过错推定责任原则

这是对过错责任原则的补充与发展。根据这一原则，一旦损害发生，法律推定行为人有过错并要求其提出无过错抗辩，若无反驳事由，或反驳事由不成立，即确认行为人有过错并应承担责任。过错推定责任分为一般过错推定和特殊过错推定。前者，行为人证明其无过错，即可推翻对其过错的推定而免除责任；后者，行为人必须证明法律规定的抗辩事由的存在，方能表明自己的无过错。依侵犯知识产权行为的性质而言，应适用特殊过错推定。在各国相关立法中，有关"权利的限制"、"不视为侵犯专有权利的行为"、"有关知识产品允许实施之行为"等，概为法定抗辩事由。我们主张，侵犯知识产权行为一般适用过错责任原则，但在法律有明确规定的情况可适用过错推定责任原则，这样可以使知识产权所有人免除举证责任而处于有利地位，有利于制裁那些虽无主观过错但缺乏反驳事由的侵权行为。

（四）侵犯知识产权行为的法律救济

法律对于知识产权的保护是多层次、多角度的。从权利救济的途径来讲，受侵害人可采取以下权利保护方法：

（1）提请行政主管机关处理。即受侵害人通过行政程序，请求版权局、专利局或商标局对其权利给予保护。

（2）提请民间知识产权组织解决。这主要见于著作权领域，即通过著作权集体管理组织处理版权纠纷和争议。

（3）提请诉讼保护。包括通过民事诉讼与刑事诉讼，追究侵权人的法律责任。

从权利救济的立法例来讲，知识产权法有其自身的特点。民事权利保护是各个法律部门的共同任务，但不同的保护方法并不一并规定在民法典中。而知识产权法是民事特别法，其立法保护有特别之处：第一，知识产权法概为保护作者、创造者权利之实体法，但现代法一般都规定有侵权诉讼程序，含有司法救济的诸多条款，即在实体法之中规定有程序法内容；第二，知识产权法应为规范民事权利之私法，但现代法多设有行政管理及处罚与刑事制裁的罚则，具有公法与私法相结合的特点。

二、我国知识产权保护现状

中国政府一贯以负责任的态度积极推动知识产权保护工作，在坚持遵循知识产权国际保护规则的同时，按照国情确定相应的知识产权保护水平，努力平衡知识产权创造者、应用者与社会公众之间的利益关系，使知识产权的创造与应用形成良性循环。

多年来，在全社会的共同努力下，中国保护知识产权取得了重大进展。

1. 建立健全符合国际通行规则、门类比较齐全的法律法规体系

20 世纪 80 年代以来，国家颁布实施了《中华人民共和国专利法》、《中华人民共和国商标法》、《中华人民共和国著作权法》和《计算机软件保护条例》、《集成电路布图设计保护条例》、《著作权集体管理条例》、《音像制品管理条例》、《植物新品种保护条例》、《知识产权海关保护条例》、《特殊标志管理条例》、《奥林匹克标志保护条例》等涵盖知识产权保护主要内容的法律法规，并颁布了一系列相关的实施细则和司法解释，使中国知识产权保护的法律法规体系不断趋于完善。做到了与世界贸易组织《与贸易有关的知识产权协议》以及其他知识产权保护国际规则相一致。2004 年 12 月最高人民法院、最高人民检察院联合公布的《关于办理侵犯知识产权刑事案件具体应用法律若干问题的解释》，严格遵守刑法的规定，综合考虑中国国情和司法实际，适当降低了有关侵犯知识产权犯罪的定罪标准，提高了刑法相关条文的可操作性，为办理侵犯知识产权刑事案件提供了具体的适用法律依据,对有效打击侵犯知识产权的犯罪行为具有重要意义。

2. 建立健全协调、高效的工作体系和执法机制

我国已形成了行政保护和司法保护"两条途径、并行运作"的知识产权保护模式,所涉及的部门主要包括国家知识产权局、国家工商行政管理总局、新闻出版总署、国家版权局、文化部、农业部、国家林业局、公安部、海关总署、最高人民法院、最高人民检察院等。

如在专利保护方面,我国已经建立起比较完整、独立的专利审查体系。从1994年1月1日起,中国成为《专利合作条约》成员国,中国专利局成为专利合作条约的受理局、国际检索单位和国际初步审查单位。同时,中国建立起较为完善的专利工作体系,根据《专利法》的规定,国务院有关部门和地方设立了专利管理机构。中国还建立了5000余人的专利代理人队伍。

(1) 国家加强了行政执法机关与公安机关、人民检察院保护知识产权的工作联系。2000年10月,有关部门共同下发《关于在查处侵犯知识产权违法犯罪案件工作中加强协作配合的通知》,就查处侵犯知识产权犯罪涉及的协作配合问题做出明确规定。

2001年7月,国务院发布《行政执法机关移送涉嫌犯罪案件的规定》,就行政执法机关向公安机关及时移送涉嫌犯罪案件做出明确规定。

2004年3月,有关部门又联合下发《关于加强行政执法机关与公安机关、人民检察院工作联系的意见》,初步建立起行政执法与刑事执法相衔接配合的工作机制,形成打击侵犯知识产权违法犯罪活动的合力,有效保证涉嫌犯罪案件及时进入刑事司法程序。

(2) 加大知识产权保护的执法力度。法律制度逐步完善,工作重点逐渐由立法转向执法,通过日常监管与专项治理相结合,加大知识产权保护的行政执法力度。

自2004年始,我国政府组织开展了一系列的保护知识产权专项行动。各有关部门在商标权、著作权、专利权保护等重点领域,在货物进出口、各类展会和商品批发市场等重点环节,在制假售假相对集中地方等重点地区,以查处重大侵权案件作为突破口,积极行动,严格执法,打击侵犯知识产权的违法分子,取得积极成效。2000~2004年,全国公安机关共破获侵犯知识产权犯罪案件5305起,涉案总金额近22亿元人民币,抓获犯罪嫌疑人7100人。其中,破获侵犯商标专用权案件4269起,涉案总价值11.8亿余元人民币,抓获犯罪嫌疑人5564人。以广东省为例,2006年,全省各级公安机关集中优势警力,保持对各类侵犯知识产权犯罪的严打高压态势,取得显著成效。全年共侦办侵犯知识产权及生产销售伪劣商品犯罪案件396宗,破案288宗,抓获犯罪嫌疑人806名,涉案总值约3.6亿元人民币。

（3）努力提高全社会、多领域的知识产权意识。从 2004 年开始，国家将每年 4 月 20~26 日确定为"保护知识产权宣传周"，利用各种媒体，以举办研讨会、知识竞赛以及制作公益广告等形式，在全社会开展知识产权保护宣传教育活动。

同时，积极拓展了知识产权保护的领域。作为会展行业最为发达的广东地区，会展知识产权保护是近年来广东保护知识产权的新阵地与重点领域。2006 年，省专利、商标、版权等知识产权相关执法部门应邀进驻维权的大型会展有：第 99 届、100 届、101 届广交会，第 24 届、25 届广州国际美容美发化妆用品进出口博览会，第 3 届中国国际中小企业博览会等。知识产权执法部门在会展上密切配合，现场处理知识产权投诉和纠纷，有效地保护知识产权，得到会展组织者与参展商的支持和赞扬。广交会是我国对外贸易规模最大的展会，2006 年广交会知识产权保护工作进一步加强，在第 99 届和 100 届广交会中，共受理各类知识产权侵权投诉案件 1045 宗，及时有效地维护了权利人的合法权益。同年，省食品药品监督管理局组织对第 55 届中国国际医疗器械春季博览会产品进行监督检查，共检查 270 多家参展企业。

第 101 届广交会在知识产权保护方面推出了新的处罚措施，知识产权保护力度大大加强，如对参展企业有假冒、冒充知识产权行为，或者双方已经过行政、司法途径，其中一方被判决或者裁定为侵权而又将侵权产品摆上广交会展位的，取消六届广交会参展资格并通报。对于涉案率超过当届广交会平均涉案率 50% 的交易团和商会，扣减下一届展位基数的 5%。

3. 积极履行知识产权国际保护义务

自 1980 年加入世界知识产权组织后，中国相继加入了《保护工业产权巴黎公约》、《专利合作条约》、《国际承认用于专利程序的微生物菌种保藏布达佩斯条约》、《工业品外观设计国际分类洛迦诺协定》、《商标国际注册马德里协定》、《商标注册用商品和服务国际分类尼斯协定》、《商标国际注册马德里协定有关议定书》、《与贸易有关的知识产权协议》、《国际植物新品种保护公约》、《保护文学和艺术作品伯尔尼公约》、《世界版权公约》、《保护录音制品制作者防止未经许可复制其录音制品公约》等多个国际公约、条约、协定或议定书。

近年来，我国与其他国家、国际组织和外商投资企业在知识产权领域广泛开展对话、交流与合作；从 2003 年起中美双方每年举行一次知识产权圆桌会议，就有关知识产权问题达成了广泛共识。

2004 年，中欧第一次知识产权对话在北京举行，就有关知识产权合作事宜达成初步意向。

第二节　世界知识产权保护

一、世界知识产权组织

世界知识产权组织（WIPO），是各国之间在互相尊重主权和平等基础上谋求共同利益，增进了解与合作，加强世界知识产权保护而建立的隶属于联合国的专门机构和国际组织。世界知识产权组织于1982年接纳中华人民共和国为其成员国。

（一）世界知识产权组织的宗旨

世界知识产权组织的宗旨，是对世界知识产权制度的高度涵盖，是世界各国达成的共识，是引领整个世界知识产权组织的航标；它在解决国际知识产权贸易和争端中起着十分重要的作用。其内容包括：

（1）通过国与国之间的合作，并在适当情况下，与其他国际组织进行协作（如世界贸易组织WTO），促进知识产权在世界范围内的保护。鼓励旨在保护知识产权的新的国际条约的缔结（如计算机软件保护），协调各国保护知识产权的立法；向各国提供法律和技术援助等，以促进创造性智力劳动的开展，加速各国社会经济、科学技术和文化的发展。

（2）保证和促进各知识产权国际联盟之间的行政合作。世界知识产权将各联盟的行政工作集中于日内瓦国际局，并通过其各种机构监督执行工作。

（二）世界知产权组织的职能和任务

世界知识产权组织作为联合国的一个专门机构，主要任务是按照它的基本章程所遵行的条约、协定，在联合国及其机构以及联合国系统的其他机构的权限范围内，采取促进创造性智力活动开展，向发展中国家提供技术援助的方法，加速世界社会、经济的不断发展。其任务和职权包括以下几个方面：

（1）促进世界各国对知识产权的有效保护，并协调各国的立法。

（2）执行巴黎联盟（包括与巴黎联盟有关的其他联盟）和伯尔尼联盟的行政任务。

（3）可以担任或者参加其他促进保护知识产权的国际协定的行政任务。

（4）鼓励各有关国家缔结促进保护知识产权的国际协定。

（5）对于在知识产权方面请求法律援助的国家给予合作。

（6）收集与传播有关知识产权的情报，从事和促进这方面的研究工作。

（7）提供促进知识产权国际保护的服务，办理相关注册并予以公布。

（8）其他任务。

（三）世界知识产权组织的成员国

保护工业产权巴黎联盟以及与该联盟有关的各专门联盟与协定、保护文学艺术作品伯尔尼联盟以及由世界知识产权组织担任其行政事务的任何其他旨在促进知识产权保护的国际协定的成员国，都可以成为世界知识产权组织的成员国。不属于任何一个联盟成员国的国家，如果是联合国、联合国专门机构或者国际原子能机构成员国、国际法院规约的参加国，应世界知识产权组织大会邀请，参加世界知识产权组织公约的国家，亦可提出加入世界知识产权组织的申请。我国于1980年3月3日向该组织提出了加入申请，同年6月3日申请正式生效，成为世界知识产权组织第90个成员国。成员国享有相应的权利并履行相关的义务

（四）世界知识产权组织的机构设置

世界知识产权组织主要由大会、成员国会议、协调委员会、国际局等四个机构组成。

大会由成员国中参加巴黎联盟或伯尔尼联盟的国家组成，是世界知识产权组织的最高权力机构。其主要职能是：根据协调委员会提名，任命总干事；审议并批准协调委员会的报告与活动；批准总干事提出的关于同意担任或参加其他旨在促进保护知识产权的国际协定的行政管理措施；参照联合国的惯例，决定秘书处的工作语言；邀请未加入任何联盟的国家参加本公约；决定哪些非本组织成员国、哪些政府间组织和非政府国际组织可作为观察员参加会议；行使其他合适于本公约的适当职权；等等。

成员国会议由加入世界知识产权组织的全体成员国组成，每一个成员国政府应有一名代表，可辅以若干副代表、顾问和专家。其主要职责是：讨论知识产权方面有共同兴趣的事项并就这些事项通过建议；通过本会议的三年预算；在本会议预算的限度内，制定三年法律技术援助计划；通过对《成立世界知识产权组织公约》的修订；决定应允许哪些非组织成员国、哪些政府组织和非政府国际组织可作为观察员参加其会议；行使其他合适于本公约的职权。

协调委员会由担任巴黎联盟执行委员会委员或伯尔尼联盟执行委员会委员或兼任两个执行委员会委员的本公约当事国组成。其主要职责为：就两个或两个以上联盟共同有关的，或者一个或一个以上联盟与本组织共同有关的一切有关行政、财务和其他事项，特别是各联盟共同开支的预算，向各联盟的机构、本组织成员国大会、成员国会议和总

干事提出意见；拟订本组织大会的议程草案；拟订本组织成员国会议的议程草案以及计划和预算草案；在总干事任期即将届满，或总干事的职位出缺时，提名一个候选人由大会任命；如果总干事的职位在两届大会之间出缺，任命一个代理总干事，在新任总干事就任前代职。

国际局是世界知识产权组织的常设办事机构，是世界知识产权组织的秘书处。国际局受参加"大会"和"会议"的成员国管理。国际局的行政主管是总干事，并设副总干事若干人。总干事任期6年，可以连选、连任。国际局的任务主要是：提供报告和工作文件，为这些机构的会议作好准备工作；组织自己的有关会议，并使会议的决定传达到有关方面，将与国际局有关的各项决定付诸实施；拟订计划草案和预算草案；处理世界知识产权组织的内外事务工作；搜集关于保护知识产权的情报并发给成员国，出版有关刊物，大部分情报经整理后，登载在分别用英文、葡萄牙文、俄文和西班牙文出版的新闻通讯上。这些刊物包括有关世界知识产权组织、各联盟成员国、国际会议的情况，各国立法变化和国际局工作消息以及有关知识产权法的理论和实践的文章和评论等。

（五）世界知识产权组织的权限

《成立世界知识产权组织公约》第12条规定了世界知识产权组织的权利能力、特权和豁免。其具体表现为：

（1）本组织在各成员国领土上，在符合各该国家的法律条件下，应享有为完成本组织宗旨和行使其职权所必需的权利能力。

（2）本组织应与瑞士联邦，以及与总部今后可能设在的其他国缔结一项总部协定。

（3）本组织可与其他成员国缔结双边或多边协定，使本组织、其官员以及一切成员国的代表享有为完成本组织宗旨和行使其职权所必需的特权与豁免。

（4）总干事可以谈判上述第（2）、（3）款所指的协定，并经协调委员会批准后代表本组织缔结和签订这种协定。

（六）世界知识产权组织（WIPO）与WTO的合作

WIPO与WTO的合作，可以说是巨人之间的合作，这种强强联合不仅使得知识产权的国际保护更加确定，而且对于世界贸易经济的发展也是异常重要的。1994年1月1日，WTO各国签署了《与贸易有关的知识产权协议》（以下简称《TRIPS协议》，旨在减少在国际贸易中的阻碍因素，对知识产权实施有效保护；协议为世界贸易中涉及的知识产权贸易和知识产权进入世界贸易提供了保障和运行规范，尤其为现代信息技术产品进入贸易市场提供了法律支持。《TRIPS协议》对WTO与WIPO的关系作了特别明确的规定，其中第68条指出：与贸易有关的知识产权"理事会通过与世界知识产权组织的协商，应在其第一次会议后一年内，寻求建立与该组织的机构合作的适当安排"。

为了协调国际贸易中的知识产权保护，世界知识产权组织与世界贸易组织于1995年12月22日在日内瓦达成一项合作协议。该协议就WIPO国际局与WTO成员国之间的关系进行了规范。

就协议内容而言，WIPO与WTO的知识产权保护方面的合作，显然还是比较有限的。这些合作的主要作用，首先在于解决WIPO与WTO的成员国或成员（有些WTO的成员尚未加入WIPO）如何同样地获得一定的法律支持；其次，着重帮助WTO的发展中国家成员更好地实施《TRIPS协议》，而支持发展中国家建立与完善知识产权制度，一向是WIPO的工作重点。

《TRIPS协议》是以WIPO所管辖的国际知识产权保护公约或条约为基础的，因此，从国际法的渊源来看，两者均是国际知识产权保护的成文法。如今，各国在考虑国际贸易中的知识产权保护时，必然地将已有的国际知识产权保护公约或条约与《TRIPS协议》结合起来，作为其法律制定与实施的标准。但是，WIPO与WTO之间没有任何隶属关系，两者的一切活动都是独立的，因此，相互间的具体合作，现在与将来都是有限的。

二、主要国际公约、条约

（一）《保护工业产权巴黎公约》

《保护工业产权巴黎公约》（简称《巴黎公约》）是1883年3月20日由11个国家在巴黎签订的。同时，签约各国组成了"保护工业产权巴黎联盟"（简称"巴黎联盟"）。1884年7月7日《巴黎公约》正式生效时，其最初参加公约的成员国有14个。最初参加签字的国家有比利时、巴西、法国、危地马拉、意大利、荷兰、葡萄牙、萨尔瓦多、塞尔维亚、西班牙和瑞士。公约生效时又有英国、突尼斯和厄瓜多尔加入。我国于1985年12月29日正式加入《巴黎公约》。

《巴黎公约》主要规定了工业产权的保护范围和《巴黎公约》的基本原则。工业产权的保护范围，包括发明、实用新型、工业品式样（也称外用设计或工业设计）、商标、服务商标（服务标志）、商店名称、产地标记或原产地名称以及制止不正当竞争。对于工业产权应作广义的理解，它不仅适用于工业和商业本身，也适用于农业和采掘业以及一切制造品或天然产品，例如，酒类、谷物、烟叶、水果、畜牧、矿产品、矿泉水、啤酒、花卉和面粉。专利包括本联盟各成员国法令所承认的各种专利，如输入专利、改良专利、增补专利等。

《巴黎公约》规定各成员国应遵守的主要原则有：

(1) 国民待遇原则。《巴黎公约》第 2 条规定：本联盟任何成员国的国民，在保护工业产权方面，应在本联盟其他成员国内享有各该国法律现在或今后给予各该国国民的各种利益，不要求本联盟成员国国民在该国享有任何住所或营业所时，才能享有工业产权权利，成员国关于司法和行政程序方面，凡工业产权法有所要求的，都可以明确予以保留。也就是说，凡是成员国的国民，不仅在本国可以申请并获得工业产权，而且可到其他成员国申请并获得工业产权，享受该国法律给予该国国民的同样待遇和享受同样的保护。

(2) 优先权原则。这是《巴黎公约》第 4 条规定的又一重要原则。所谓优先权，就是指申请人有关发明、实用新型、工业品样式或商标注册第一次向一个缔约国正式提出申请后，可以在申请后的一定期限（发明专利和实用新型专利为 12 个月，工业品样式和商标规定为 6 个月）内，又向其他缔约国提出申请时，以第一次申请的日期为后来提出申请的日期，即后一次申请，与有同样内容的其他申请人在上述期间内可能提出的申请享有优先的权利。

(3) 专利、商标独立的原则。这一原则是《巴黎公约》第 4 条规定的内容。所谓专利、商标独立，是指各成员国对某一专利或商标权的申请授予其专利或商标权是彼此独立、互不影响的。就是说，某一成员国对某项发明授予专利权或对某一商标注册申请授予商标权，那么，其他成员国没有义务也按该专利权、商标权的申请授予专利权或商标权。同样的道理，某项专利权或商标权在某一成员国被拒绝，那么其他成员国也不得以此为理由采取同样的行动。

(4) 强制许可原则。这是《巴黎公约》第 5 条规定的内容。该原则规定专利权人在自己不实施发明，也不允许他人实施发明的情况下，国家专利管理机关有权向申请实施发明的人颁发强制许可证。关于实施强制许可的具体条件，自专利申请日起满 4 年，或专利批准日起满 3 年，取得专利权的发明，如无正当理由没有实施或没有充分实施时，各成员国专利局均可根据第三者的请求，给予颁发实施该发明的强制许可证。取得强制实施许可证的人，应给予专利权人合理的报酬。

(二)《保护文学和艺术作品伯尔尼公约》

《保护文学和艺术作品伯尔尼公约》（以下简称《伯尔尼公约》）是国际文学艺术联合会倡议签订的。1883 年该联合会在瑞士伯尔尼召开大会时，通过一个《建立文学和艺术作品作者权和保护联盟公约》。该文件中提出建立一个保护文学和艺术作品联盟，提出版权保护的原则和内容以及参加该联盟的程序等内容。1884 年在瑞士首都伯尔尼召开会议讨论建立《保护文学和艺术作品国际公约》，因有一些国家有不同意见，未能通过。后来在 1885 年和 1886 年又在伯尔尼召开外交会议讨论该公约草案，经过修改补充，终于在 1886 年 9 月的外交会议上通过了《保护文学和艺术作品伯尔尼公约》。由于该公约是在伯尔尼召开通过的，因而旧称《伯尔尼公约》。当时在公约上签字的有比利时、法国、德国、美国、海地、意大利、利比里亚、西班牙、瑞士、突尼斯共 10 个国家。确定该公约从 1887 年底生效。

《伯尔尼公约》规定的版权保护原则有：

（1）国民待遇原则。按照这一原则的规定，该公约的成员国应按照本国版权法保护其他成员国的作者的权利，使之享有国民待遇。

（2）自动保护原则。这主要体现在该公约第 5 条第 2 款中。该款规定，该公约成员国作者的作品一旦创造出来，就可以得到自动保护，不得要求被保护的主体履行登记注册等任何手续，也不得要求被保护的客体附带任何特有的标记。

（3）独立保护原则。这也反映在公约第 5 条第 2 款中。它是指某一作品在各成员国是否受到保护并不以作品在其本国受到保护为条件。各成员国对于某一作品是否给予版权保护，依据本国立法的规定加以处理，互不受牵制。知识产权的地域性特征仍然受到维护。

（4）最低限度保护要求原则。这是指《伯尔尼公约》规定了参加该公约各成员国保护版权的最低标准，不得低于该公约规定的标准。如该公约规定一般作品保护版权的保护期为作者有生之年加死后 50 年，参加该公约的各国版权法规定的保护期不得少于这个期限，但可以超过这个期限。《伯尔尼公约》中的其他内容也属于最低要求。

《伯尔尼公约》对于保护的作品作了详细规定和说明。该公约第 2 条指出：一切文学、科学与艺术作品，不论采取什么表现形式或表达方式，都属于该公约保护的"作品"。演绎作品和演编作品也属于受保护的作品，也享有版权。具体受保护的作品有：图书、小册子；讲课、讲演和其他同类性质的作品；戏剧作品和音乐作品；舞蹈作品、哑剧作品；音乐作品；电影作品及其用同类方式表现的作品；图画、绘画、建筑、雕塑、雕刻及版画作品，摄影作品及用同类方法表现的作品；实用艺术作品；与地理、地形、建筑、科学有关的示意图、地图、设计图、草图和立体作品。

《伯尔尼公约》对于作者应受保护的权利作了详细规定。著作权作为知识产权的一部分，主要包括两方面的权利。一方面是经济上的权利，包括：翻译或授权翻译其作品的权利；以任何方式或形式复制作品的权利；公开表演戏剧、戏剧音乐和音乐作品及向公众传播此种表演的权利；广播作品和以任何方法向公众传播此种表演的权利；将作品摄制成电影或电影中使用作品的权利；作者有权自己朗诵或授权用各种方式或手段公开朗诵其作品；作者有权对其作品进行改编、整理和做其他改变。另一方面是精神方面的权利，其中有署名权，包括作者可以以任何方式在自己的作品上署真名、假名或匿名，有权反对非合作者在自己的作品上署名，有权反对他人在作品上删去自己的名字而署以他人的名字，有权禁止在并非其作品上署其名。作者有权发表或不发表自己的作品。有保证作品内容完整权，作者有权禁止任何对作品的歪曲、篡改或修改。作者有权在改变了自己观点以后将已发行的作品收回，但应赔偿出版者的经济损失。

《伯尔尼公约》规定了著作权保护期，版权保护期限为作者有生之年加死后 50 年；电影作品保护期为电影公映后 50 年或摄制完成后 50 年；匿名作品或假名作品均为与公众见面之后 50 年，若作者身份在此期间被披露，则保护期限按一般作品计算；摄影作品及实用艺术品保护期不少于 25 年；共有作品的保护期限为作者有生之年加死后 50 年，保护期以作者中最后一个去世的次年 1 月 1 日算起。

（三）《世界版权公约》

《世界版权公约》是在联合国教科文组织的主持下，于 1952 年 9 月 6 日在日内瓦国际会议上签订的一个保护版权的多边条约。当时参加该会议的国家有 50 个，其中有 40 个国家的代表在该公约上签了字。该公约于 1955 年 9 月 16 日生效。

《世界版权公约》的条文较少，大多数属于原则性的规定。它的内容在许多方面与《伯尔尼公约》相似：规定了国际版权保护的国民待遇原则；规定了对文学、科学及艺术作品（包括文学的、音乐的、戏剧的、电影的作品，以及绘画、雕刻与雕塑）的作者及其他版权所有者的权利提供充分、有效的保护。规定受到版权保护的作品必须有一定的标记。版权标记由三部分构成，即在版权页上附有三项内容：①版权符号，文学作品是（c），录制作品是（r）或（c）；②首次发表日期（标明年份即可）；③作者姓名。标明符号的方式及位置应使人注意到版权的权利要求。规定了对作者经济权利的保护，而未提及对作者精神权利的保护。规定保护期限一般不得少于作者有生之年加死后 25 年，或者作品发表后 25 年。该公约对摄影作品和实用艺术作品规定的保护期较短，这类作品保护期不少于 10 年即可。

（四）《商标国际注册马德里协定》

1891 年 4 月 14 日由法国、西班牙、比利时等国发起在西班牙的马德里缔结了《商标国际注册马德里协定》（以下简称《马德里协定》）。该协定有正文 18 条，1892 年 7 月生效。依据该协定，1891 年成立了"商标国际注册联盟"，简称"马德里联盟"。从 1974 年开始，"马德里联盟"还制定了《马德里协定》的实施条例。

该协定的宗旨在于解决商标的国际注册问题，即商标所有人在本国取得注册之后，不必一国一国地履行商标注册手续，就可以得到其他缔约国的承认，这样为在两个以上国家取得商标权提供方便。按照这一宗旨，该协定规定了下列内容：

1. 商标国际注册的条件

要想取得商标国际注册，必须按照下列条件和手续办理商标国际注册：该协定成员国的商标所有人，或者在某个成员国有居所或设有从事商业实业活动的营业所的人，要在其所属国（在本国或其该协定的同盟国）已经完成商标注册，同时根据商标所有人的要求，通过本国的商标管理部门或代理组织，向世界知识产权组织国际局提交一份按照马德里协定规定的国际商标注册申请案，这样才有可能在其他成员国获得商标注册。国际局收到商标注册申请案后，进行形式审查，然后把申请案通知申请人要求给予保护的各国。收到国际局通知的国家应在一年内做出是否给予商标注册的决定，如果在一年内没有向国际局提出理由拒绝商标注册，那么该商标注册就在该国生效。如果被申请国在一年内提出拒绝商标注册，就没有在该国取得商标国际注册的权利。如果出现这种情况，商标注册申请人可以向该国法院提出申诉。

实行商标国际注册，对于申请人来说有两点好处：一是有利于简化商标注册手续，只要办理一次商标注册手续，就可以在几个国家同时取得商标权；二是有利于节省商标注册的时间和费用，只要进行一次商标注册申请，交一次费用，不必多次向一些国家提出申请，多次交申请费。

2. 商标国际注册的内容和效力

该协定的主要内容是：每一个商标国际注册申请必须按照《马德里协定》的实施细则规定的统一格式填写报表，商标注册申请人所属国的商标注册当局应该证明该商标申请注册的具体项目与在本国注册的项目相同。商标国际注册申请人应在商标注册申请书中提出该商标使用在何种商品或服务项目上。如果申请人要求将颜色作为商标的一个显著特征，必须具体说明理由，并随同申请书提出所要求的颜色或颜色组合通知书，还要提交商标的颜色图样。

国际商标注册，从世界知识产权组织驻日内瓦的国际局注册生效的一日期起，在未予驳回的有关的缔约国发生效力，其有效期为 20 年。期满后可以申请续展，续展期也为 20 年。在有效期届满 6 个月前，国际局告知当事人注意届满日期。如果商标所有人在届满期内没有提出续展要求，还有 6 个月的宽限期，在宽限期内还可以提出续展要求，但按实施细则规定应交纳罚金。

（五）《商标注册使用的商品与服务项目国际分类尼斯协定》

《商标注册使用的商品与服务项目国际分类尼斯协定》（以下简称《尼斯协定》）是 1957 年 6 月 15 日在法国尼斯签订的，1961 年 4 月 8 日生效。后来对该协定作过两次修改，一次是 1967 年 7 月 14 日在斯德哥尔摩，另一次是 1977 年 5 月 13 日在日内瓦。现在施行的《尼斯协定》是 1977 年的修订文本，该文本也称《日内瓦议定书》。

《尼斯协定》是关于商标注册方面重要的国际协定。全文共 14 条，其主要内容是，规定参加协定的成员国采用共同的国际分类进行商标注册。该协定有两个附件：一是供商标注册用的商品和服务的国际分类的类目表，在该表中把商品分为 34 类，服务分为 8 类；二是依字母顺序排列的商品和服务细目表，并指出每一商品和服务所属的类目。

《尼斯协定》所规定的商品和服务分类，是目前国际上通行的分类；不仅《尼斯协定》缔约国采用了这一分类，而且没有参加《尼斯协定》的一些国家和地区在商标注册中也采用。如孟加拉国、保加利亚、布隆迪、哥伦比亚、新西兰等 30 多个国家采用《尼斯协定》的分类，能够统一各国在商标注册的商品和服务分类的口径，有利于商标国际注册，可以减少或避免因商品和服务的不同在商标注册上的重复和矛盾。了解该协定的内容，对于我国向《尼斯协定》缔约国办理出口商品商标的注册是有益处的。

一个国家的经济发展、社会分工状况以及社会习惯对于商品和服务的分类有直接的影响。目前，我国的国内商品分为 78 类，在国际上进行商标注册，决定采用该协定的国际分类法。

（六）《专利合作条约》

《专利合作条约》（PCT）是美国首先倡议缔结的，后来经多次国际会议商讨，1970 年 6 月 19 日于华盛顿举行的外交会议通过，1978 年生效。我国于是 1994 年 1 月 1 日加入该条约，我国专利局成为《专利合作条约》的受理局。截止 2003 年 8 月，加入该条约的共有 122 个国家和地区。

缔结该条约的目的是为了建立关于专利的申请、检索、检查以及公布各国统一的专利审查的标准和程序，避免因发明在不同国家申请专利时，有关国家进行重复检查和审查，以及利用各国的技术情报资料，减轻各成员国专利管理工作负担，提高工作效率，进一步实现国际专利合作。

该条约的基本内容规定：专利申请人通过国际专利申请，可以在几个国家同时获得对一项发明的专利保护申请手续和审批程序，在自愿选择的基础上，申请人通过一项申请即可获得几个或全部该条约成员国的专利权。为了实现上述国际专利申请和专利审批合作，该条约做了如下具体规定：

（1）申请程序。国际专利申请人可以用一种文字（中、英、法、德、日、俄、西 7 种文字的一种）首先向本国专利局提交专利申请书，并注明要在哪个国家申请专利。本国专利局对其申请手续和填报格式进行审查，认为合格后，由专利局将申请人的申请材料转交给世界知识产权组织一份，国际检索单位一份，本专利局保留一份。该条约规定，只有缔约国国民或在某缔约国有固定住所的人才能提交这种合作专利申请。如果某一发明属于共同发明的专利申请，只要其中有一人符合此条件，即可提出合作专利申请。

(2) 国际检索。国际检索单位收到国际专利申请后，应负责对该申请进行检索。检索的具体内容是专利申请的新颖性，并且将检索报告送交申请人一份，供其修改申请案用，一份交国际局。同时，申请人还要将检索报告送交指定国专利局。指定国专利局还可以对该专利申请进行补充性检索，审查其新颖性。国际局应在专利申请满 18 个月（有优先权的自优先权日起）以内公布该申请。按照该条约的规定，目前，世界知识产权组织国际局根据 PCT 规定指定的国际检索单位是：欧洲专利局以及美国、日本、俄罗斯、奥地利、瑞典、澳大利亚、西班牙、芬兰、韩国、中国、加拿大国家知识产权局共 12 个单位。

(3) 国际初步审查。该项审查是依据申请人的请求进行的。其目的是为了判断申请的发明是否具有新颖性，是否具有创造性和工业上的实用性。便于深入了解申请案有无专利性，以及考虑是否还需要提出译文，是否坚持申请国际专利权。该项审查结果对于指定国的专利审查无拘束力，但它是以后指定国进行专利审查的有价值的参考材料。按照《专利合作条约》的规定，除美国以外所有的国际检索单位均为国际初步审查单位。

(4) 审查单位。在国际初步审查之后，将初步审查报告送交申请人和国际局，然后申请人和国际局将其译文送交指定局，最终由指定局做出审查决定。这就是说，合作专利的审查单位是被指定的各成员国专利局，由该局依照本国专利法的规定，最后做出是否授予专利权的决定，而不是由国际专利组织统一做出决定。

(七)《欧洲专利公约》

《欧洲专利公约》简称 EPC，又称《慕尼黑公约》。它是 1973 年 10 月 5 日在德国慕尼黑签订的。当时有联邦德国、英国、意大利、列支敦士登、卢森堡、荷兰、比利时、法国、瑞典、瑞士、奥地利等 14 个国家参加该公约。该公约于 1978 年 10 月 7 日生效。

《欧洲专利公约》是欧洲地区性的专利公约。按照该公约第 6 条的规定，成立了欧洲专利局，总部设在慕尼黑，在柏林、海牙设有分局。该公约分为 17 章，178 条；实施细则 8 章，106 条。它的宗旨是建立一个欧洲统一的专利制度，实现在欧洲进行一次专利申请审批，同时在欧洲其他各成员国同时生效或废除，改变过去那种使用各种不同文字分别向各国申请的做法，以达到在欧洲简化专利申请、审批手续，节省专利申请的时间和经费之目的。

《欧洲专利公约》吸取了各国专利法的长处，实行早期公开、延迟审查制，确立为先申请原则，规定的专利保护范围较宽。为了保证专利的质量，规定了严格的专利审批条件，即按照绝对的新颖性、创造性和实用性条件来审查专利申请。

目前，欧洲的专利申请实际上还没有做到一次专利申请、审批在欧洲各成员国产生法律效力，只是由欧洲专利局统一受理专利申请和进行初步的审查，而最后是不授予或废除专利权还是由指定国专利局来确定。现在要想统一欧洲的专利法，实现一次专利申请、审批，在各个成员同时生效是难以办到的。原因是欧洲各国都有自己的专利法，并且各国对于申请和授予专利权的条件不尽相同，实施的条件也有所差别，因而使得某些申请人并不希望在一国申请专利之后就在各国同时取得专利权，而只想在某一些国家取得专利权。

（八）《建立工业品外观设计国际分类洛迦诺协定》

《建立工业品外观设计国际分类洛迦诺协定》（以下简称《洛迦诺协定》）是 1968 年 10 月 8 日在瑞士洛迦诺缔结的，1971 年开始生效。截止 2004 年 12 月 31 日，该联盟成员国 44 个。1996 年 6 月 17 日，我国政府向世界知识产权组织递交了加入书，1996 年 9 月 19 日中国成为该协定成员国。同时，依据该协定组成了"洛迦诺联盟"。联盟中设联盟大会、专家委员会，由专家委员会负责对该协定内容进行定期修改。

该协定的宗旨是为了设立工业品外观设计的商品国际分类而签订的。它的制定和实施，有利于各成员国专利局按照统一的外观设计商品分类注册和保存这类专利，有利于对这类专利的使用。这个协定是在《国际专利分类斯特拉斯堡协定》的基础上制定的，它把商品和外观设计结合在一起进行分类。它把商品分为 31 个大类和 210 个小类。同时，它还按照字母顺序排列了大类和小类商品表，在这个表中有 6000 个商品的分类标志。

我国专利局决定，对申请中国专利的外观设计采用《洛迦诺协定》所规定的工业品外观设计的商品分类法进行分类。该分类法是科学的，它有利于对外观设计专利的管理和使用。

三、世界知识产权保护的基本原则与方法

（一）知识产权国际保护的主要原则

综观目前世界上保护知识产权的国际公约和双边协定等规定，知识产权国际保护的主要原则有：

1. 国民待遇原则

所谓国民待遇原则，是指各缔约成员国之间在知识产权的保护上相互给予平等待遇，使缔约国国民在所有缔约国享受其国民的同等待遇。例如《保护工业产权巴黎公约》第 2、3 条规定，在工业产权的保护上，每个成员国必须以法律形式给其他成员国的国民以本国国民所享受的同等待遇。即使对于非成员国的国民，只要他在任何一个成

员国内有法律认可的住所或有实际从事工商业活动的营业所,则也应给予他相同于本国国民的待遇。《保护文学和艺术作品伯尔尼公约》第 5 条也规定,公约成员国应给以下三种作者的作品以相当于本国国民享受的版权保护:其他成员国的国民;在任何成员国有长期住所的人;在任何成员国发表其作品第一版的人(即使他在任何成员国中均无国籍或长期住所)。

2. 优先权原则

这一原则主要适用于工业产权的国际保护。它是指某缔约国国民就一项发明首先在任何一个缔约国中提出专利申请或就一项商标提出了注册申请时,自该申请提出之日起一定时间内(对于专利申请是 12 个月,对于商标或外观设计注册申请是 6 个月),他如果向别的成员国也提出了同样的申请,则别的成员国都必须承认该申请在第一个国家中递交的日期,并把它看作是在本国递交申请的日期。如《保护工业产权巴黎公约》第 4 条就规定了优先权原则。

3. 独立性原则

这一原则主要适用于工业产权的国际保护。它是指缔约国国民就同一项发明或商标在数国(包括缔约国和非缔约国)取得的专利权或商标专用权,相互独立,各不相涉。这是针对不同国家专利制度与商标制度各有自己的特点这一事实提出的。独立性原则包括专利独立和商标注册独立两个方面的内容。所谓专利独立,是指某一缔约国批准某项发明为专利,并不意味着其他缔约国必须对同一发明也批准为专利。相反,各缔约国又不得以该项专利申请在其他缔约国被驳回或宣告专利无效为由而驳回该申请或宣告该专利无效。所谓商标注册独立,是指某缔约国国民向其他缔约国提出商标注册申请时,其他缔约国不能以其未在本国申请注册而加以拒绝,当该申请人向其他缔约国申请商标而续展时,其他缔约国也不得因其所属国未办续展手续或被撤销而使其注册无效。

4. 强制实施专利发明原则

这一原则适用于专利权的国际保护。它是指在缔约国取得专利的人必须在一定期限内在该国境内实施其发明,否则国家将采取强制许可或撤销专利的措施。如根据《保护工业产权巴黎公约》规定,如果专利发明从申请之日起 4 年或自授予专利权之日起 3 年内(这两种情况中以较迟届满的日期为准),没有实施或未充分实施该专利,其他人就可以申请强制许可。只有在颁发强制许可证的措施不足以制裁专利权人的不实施行为时,才可以宣布该专利无效。

5. 最低限度保护原则

这一原则主要适用于著作权的国际保护。它是指各缔约国国内法规定的对有关外国作品的保护水平,不能低于国际公约规定的标准。例如,《保护文学和艺术作品伯尔尼公约》规定的保护期为"作者有生之年及其死后 50 年内"(第 7 条第 1 款),《世界版权公约》规定的保护期为"不得少于作者有生之年及其死后的 25 年"（第 4 条第 2 款）。因此，各缔约国对公约保护范围内作品的保护期限，只能等于或大于公约规定的期限，而不得少于上述期限。

6. 独立保护原则

它是指各缔约国在遵守有关公约规定的最低限度保护标准的前提下，可自行确定本国著作权的保护对象、范围、期限、作者的专有权利及其限制、侵权行为及补救办法等。例如，《保护文学和艺术作品伯尔尼公约》规定："除本公约条款外，只有被要求给以保护的国家的法律才能决定保护范围以及为保护作者的权利而向其提供的补救方法。"（第 5 条第（2）款）按照《世界版权公约》第 1 条的规定，各缔约国根据其国内法可以对作者经济利益的各种基本权利，其中有准许以任何方式复制、公演及广播等专利权利做出符合本公约精神和内容的例外规定；作品的版权保护期限，也应由该作品要求给予版权保护所在地的缔约国的法律来规定。

7. 自动保护原则

作品一旦创造出来，不要求被保护的主体履行登记注册手续也不要求实体附带任何特有标记，就可得到自动保护。这一原则主要适用于著作权的国际保护。

（二）世界知识产权协定与知识产权的国际保护

随着技术革命的迅速发展和企业经营的国际化，知识产权战略更加引人注目。在以市场经济为基础的世界自由贸易的国际会议上，世界各国越来越多地认识到知识产权保护对世界自由贸易和世界经济发展的重要意义。

1993 年 12 月 25 日，历时 7 年的关贸总协定乌拉圭回合谈判终于圆满结束。谈判各方于 1994 年 4 月 15 日在马拉喀什签署了《包括乌拉圭回合多边贸易谈判成果最终协定》，宣布筹建世界贸易组织（WTO）。1995 年 1 月 1 日世界贸易组织正式运作，并管辖如下协定：《货物贸易多边协定》、《服务贸易协定》（GATS）、《与贸易（包括冒牌商品贸易在内）有关的知识产权协议》、《争端解决的规则和程序的谅解》、《贸易政策审评机制》、《简单多边贸易协定》、《其他一些决定、声明及谅解》。其中，《与贸易（包括冒牌商品贸易在内）有关的知识产权协议》（以下简称《TRIPS 协议》）的生效，标志着知识产权的国际保护进入一个新的历史时期，达到一个新高度。

《TRIPS 协议》不仅是第一个明确与国际贸易相联系的知识产权保护协议，并在《巴黎公约》和《伯尔尼公约》等 WIPO 知识产权条约的基础上，第一次将版权、专利、商标等各种知识产权保护融为一体，而且由于《TRIPS 协议》是乌拉圭回合的"一揽子"成果之一，任何 WTO 成员国迟早都必须履行《TRIPS 协议》规定的义务，从而将大大地扩展国际知识产权保护制度的适用范围。这对于 21 世纪知识经济时代的国际贸易与知识产权保护制度，具有深远的影响。

作为新的知识产权保护制度，《TRIPS 协议》具有如下主要特点。

首先，它采纳了国际贸易中通行的"最惠国待遇"原则。可以说，这是国际知识产权保护制度中的一个质的变化。因为"最惠国待遇"原则是 GATT/WTO 的基石，所以说《TRIPS 协议》的"最惠国待遇"原则应放在整个 WTO 的法律体系内加以理解。同时，《TRIPS 协议》规定了知识产权保护的"国民待遇"原则，这也是巴黎公约和伯尔尼公约的基本原则。

其次，它规定了较高的知识产权保护标准。在版权与相邻权领域，《TRIPS 协议》规定应根据《伯尔尼公约》，将计算机软件与数据库作为文字作品加以保护，新增加了出租权；在商标领域，《TRIPS 协议》规定了作为商标（包括服务商标）给予保护的标志及其权利，特别规定了驰名商标的保护；在原产地标志领域，《TRIPS 协议》规定了成员国负有禁止混淆原产地标志（尤其是酒类与酒精类商品）的义务；在外观设计领域，《TRIPS 协议》规定受保护的外观设计所有人有权在 10 年内禁止他人制造、销售或进口含有该设计的产品；在专利领域，《TRIPS 协议》规定任何技术方面新颖的具有创造性步骤和工业实用性的产品与工序，都应享有 20 年的专利权，植物品种专利可作为专利给予保护，并详细地限定了强制性许可或政府利用专利的条件；在集成电路图领域，《TRIPS 协议》以尚未生效的《集成电路图知识产权华盛顿条约》为基础，规定集成电路图的知识产权保护期限至少为 10 年；在商业秘密与专有技术领域，《TRIPS 协议》规定了这类知识产权保护应包括药品与农业化学产品；最后，在与合同许可有关的反竞争法领域，《TRIPS 协议》规定 WTO 成员国须采取必要措施，避免滥用合同许可中的知识权利及其对竞争产生的消极作用。

再次，它特别规定了保护知识产权的实施。这包括成员方有义务根据其国内法提供必要的程序与补救，以保障上述知识产权得以有效保护；这种程序必须是能够确保对侵权行为采取有效的行动，并且是公正的，避免不必要的复杂性与成本以及不合理的拖延；《TRIPS 协议》还规定了边境实施制度等。

最后，它规定了不同发展水平的国家实施《TRIPS 协议》的不同时间表，即发达国家、发展中国家（包括经济转型国家）和最不发达国家分别从 1996 年 1 月 1 日、2000 年 1 月 1 日、2006 年 1 月 1 日起实施。但是，所有成员国从 1996 年 1 月 1 日起都必须履行适用《TRIPS 协议》规定的国民待遇与最惠国待遇原则的义务。

由于《TRIPS 协议》是世界贸易体制中的新规范，在实施中会有较多的新问题，因此在 WTO 的议事日程中，《TRIPS 协议》的实施以及协议本身的完善，占有突出的地位。比如，1996 年底关于原产地标志规定的第一次实施检查；1997 年开始的酒类原产地标志注册的谈判；1997 年 11 月完成第一次对成员方知识产权法的评审；1998 年开始旨在改进《TRIPS 协议》的谈判；1999 年 1 月进行的对某些可授予专利的例外及植物品种保护问题的检查；1999 年底进行的对不违反《TRIPS 协议》但仍影响有关成员国权利问题的检查；2000 年 1 月进行的首次两年一度的《TRIPS 协议》实施情况的检查；等等。

分析与思考

1. 知识产权侵权行为的基本特征是什么？
2. 知识产权侵权行为的归责原则是什么？
3. WIPO 的宗旨和主要职能是什么？
4. 《巴黎公约》规定的工业产权保护的基本原则是什么？
5. 何谓版权自动保护原则？
6. 《马德里协定》关于商标国际注册的主要内容有哪些？
7. 知识产权国际保护的基本原则有哪些？
8. 《TRIPS 协议》关于知识产权保护的标准与原有国际公约有何不同？

案　例

[案例 1]　　国民待遇原则

日本某公司诉上海某食品有限公司侵犯著作权案

【案情介绍】

原告——日本的一家私人专业美术设计公司，1997 年在中国市场上发现被告上海某食品有限公司生产的"某真味快乐王软糖"的食品包装袋上印有原告独创设计的卡通动物形象，版权属原告所有；被告未经原告同意擅自使用原告作品以牟取利润，已构成侵权；故原告请求法院判令：

1. 被告立即停止在其产品的外包装袋上擅自使用原告作品的侵权行为；
2. 被告向原告公开赔礼道歉；
3. 被告赔偿原告经济损失人民币 100 万元。

法院认定，原告日本某公司系 ALITLE IN LOVE 美术作品的著作权人，该作品虽在日本发表，但由于日本与中华人民共和国均为《伯尔尼公约》成员国，按照该国际公约的"国民待遇"原则及《中华人民共和国著作权法》的有关规定，原告对其创作的作品所享有的著作权在我国应受到法律保护。被告未经原告许可，擅自将原告享有著作权的 ALITLE IN LOVE 美术作品复制在自己商品的包装袋上，这种行为已构成对原告该作品著作权中使用权的侵犯，依法应承担相应的责任。

〖处理〗

一审上海食品有限公司败诉。该公司不服，提出上诉，在二审法院的主持下，双方调解成功。

〖法理分析要点〗

1. 中国是否应该保护日本国民的著作权？
2. 依据什么标准来确定补救结果？

[案例2]　"思想与表达的分离"

贝某诉塞尔登侵犯著作权案（美国）

〖案情介绍〗

本案原告的遗嘱人查某斯·塞尔登（Charles Selden）在1859年就一本介绍一种特殊的簿记法的名为《塞尔登分类账精编——简化簿记》（*Selden's Condensed Ledger, or Booking Simplified*）的书取得了著作权。在1860和1861年，他又获得了其他几部包含了对上述簿记法进行了修改的书的著作权。贝某使用并销售包含了与塞尔登作品中所描述的簿记法相似的账簿。原告塞尔登诉贝某侵犯了上述作品的著作权，声称上述作品所介绍的簿记法中所包含的线条和排列受著作权法保护，由这些线条和排列构成的簿记法因而也受保护。被告贝某在他的答辩中否认原告的侵权指控，并辩称被指控侵权的那部分内容不是著作权法所保护的主题。巡回法院判决被告侵权，被告不服，向美国联邦最高法院提起上诉。最高法院查明，被上诉人主张著作权的作品中包括了一篇介绍簿记法的文章，文章中附有一些由特定的线条和标题组成的使用上述特殊簿记法的表格（包括一些空白表格）。这种簿记法的特点是，在账簿中只需用一页或相对的两页就可记录表现每一天、一周或一月的所有业务，其效用与复式簿记一样。上述人使用了一种相同的方法，但是在栏目的安排和标题上都与被上述人的有所不同。

〖处理〗

最高法院认为，空白账簿不受著作权保护；塞尔登作品的纯粹的著作权并不赋予著作权人对由其设计并在其作品中予以描述及表现的账簿的使用以独占权。撤销巡回法院的判决，发回重审，指令巡回法院驳回原告的起诉。

〖法理分析要点〗

1. 著作权不保护思想的原则与"思想与表达二分法"。
2. 思想及智力方法不受著作权保护。
3. 思想与其表达不可分离时，表达与思想一道不受保护。

第三章 著 作 权

第一节 著作权概述

著作权是指作者对其作品依法享有的专有权利。或者说，著作权是指作者及其他著作权人对文学、艺术、科学作品所享有的人身权利和财产权利的总称。

一、我国著作权保护的对象

（一）作品与获得著作权保护的条件

按照《著作权法》第3条和2002年8月2日中华人民共和国国务院令［第359号］公布的《中华人民共和国著作权法实施条例》（以下简称《实施条例》）第2条规定，作品就是在文学艺术、自然科学、社会科学、工程技术科学领域内，被客观化的，能够反映人们思想、感情，含有独创性并能以某种有形形式复制的智力劳动成果。作品要能够获得著作权保护，必须满足下列条件：

（1）作品应该是作者思想和情感的表现，不具有此特征的作品不能成为作品。

（2）作品应具有独创性或原创性。即作品应是作者自己创作的，而不是抄袭的。而为他人创作进行组织工作，提供咨询意见、物质条件，或者进行其他辅助工作，均不视为创作。这里"独创性"不等于《专利法》中的"创造性"，也不要求作品具有新颖性。

（3）作品应按照法律允许的表现形式加以表现。

对外国人作品的保护，根据《著作权法》第2条规定："外国人、无国籍人的作品首先在中国境内出版的，依照本法享有著作权"。"外国人、无国籍人的作品根据其作者所属国或者经常居住地国同中国签订的协议或者共同参加的国际条约享有的著作权，受本法保护"。"未与中国签订协议或者共同参加的国际条约的国家的作者以及无国籍人的作品首次在中国参加的国际条约的成员国出版的，或者在成员国和非成员国同时出版的，受本法保护。"我国已参加了《伯尔尼公约》，因此对《伯尔尼公约》成员国的作品应给予保护。

《实施条例》第7、8条规定，首先在中国境内出版的外国人、无国籍人的作品，其著作权自首次出版之日起受保护；在中国境外首先出版后，30日内在中国境内出版的，视为该作品同时在中国境内出版。

(二)《著作权法》保护的对象

《著作权法》第3条和《实施条例》第4条规定了下列9项受《著作权法》保护的作品：

(1) 文字作品。文字作品属于语言的一种，是指用文字或其他等同于文字的各种符号（包括数字符号）来表达思想和情感的作品，如小说、诗词、散文、论文、科学专著等。

(2) 口述作品。指用口头语言形式表达思想情感的作品，如即兴的演说、授课、法庭辩论、祝词等。

(3) 音乐、戏剧、曲艺、舞蹈、杂技艺术作品。即表达思想和情感的说、唱、表演艺术的统称。音乐作品，是指歌曲、交响乐等能够演唱或者演奏的带词或者不带词的作品；戏剧作品，是指话剧、歌剧、地方戏等供舞台演出的作品；曲艺作品，是指相声、快书、大鼓、评书等以说唱为主要形式表演的作品；舞蹈作品，是指通过连续的动作、姿势、表情等表现思想情感的作品；杂技艺术作品，是指杂技、魔术、马戏等通过形体动作和技巧表现的作品。

(4) 美术、建筑作品。美术是一种造型艺术，又称空间艺术或视觉艺术，是运用构成人类视觉体验上的光线、色彩和形状等要素来表达思想、感情的作品，既可以是平面的，也可以是立体的。广义的美术作品包括绘画、书法、雕塑等。《著作权法》里规定的是广义的美术作品。建筑作品，是指以建筑物或者构筑物的形式表现的有审美意义的作品。

(5) 摄影作品。是指借助器械在感光材料或者其他介质上记录客观物体形象的艺术作品。

(6) 电影作品和以类似摄制电影的方法创作的作品。是指摄制在一定介质上，由一系列有伴音或者无伴音的画面组成，并且借助适当装置放映或者以其他方式传播的作品。

(7) 工程设计图、产品设计图、地图、示意图等图形作品和模型作品。图形作品，是指为施工、生产绘制的工程设计图、产品设计图，以及反映地理现象、说明事物原理或者结构的地图、示意图等作品。模型作品，是指为展示、试验或者观测等用途，根据物体的形状和结构，按照一定比例制成的立体作品。

(8) 计算机软件。即计算机程序和有关文档。
(9) 法律、法规规定的其他作品。

(三)《著作权法》保护的邻接权

除了上述的保护对象外,《著作权法》和《实施条例》还规定了与著作权有关的权益——邻接权应受著作权法保护。这些权益包括：出版者对其出版的图书和期刊的版式设计享有的权利，表演者对其表演享有的权利，录音录像制作者对其制作的录音录像制品享有的权利，广播电台、电视台对其播放的广播、电视节目享有的权利。

根据《实施条例》的规定，外国人、无国籍人在中国境内的表演及其表演享有的权利，受著作权法保护；在中国境内制作、发行的录音制品及其享有的权利，受著作权法保护；外国的广播电台、电视台根据中国参加的国际条约对其播放的广播、电视节目享有的权利，受著作权法保护。

二、我国著作权不保护的对象

(一) 依法禁止出版、传播的作品

我国《著作权法》第4条规定："依法禁止出版、传播的作品，不受本法保护。"同时，著作权人行使著作权，不得违反宪法和法律，不得损害公共利益。在《著作权法》颁布后，曾有不少国外评论认为我国把这类作品列入不受保护客体是符合国际惯例的。

(二) 法律、法规、国家机关的决议等

我国《著作权法》第5条把这类作品排除在受保护范围之外，这是《伯尔尼公约》第2条第4款所允许的。此外，《伯尔尼公约》第2条之2还允许进一步的排除，即把政治演说、法律诉讼中的演说，全部或部分排除在受保护范围之外。我国《著作权法》没有明文规定这项排除。

这类作品排除后，我国的许多出版单位及杂志，对于外国政府立法过程中形成的各阶段报告，如有需要，均可自行翻译、转载，而无需取得许可及付酬。这样，相当大的一部分自然科学与社会科学的信息，仍旧可以像过去一样被我国国内读者很快接触到。

这种使用须注意以下三点：

第一，翻译出版或直接原文转载某些国家的这类作品，一般只宜用于国内销售，不可转销到这些国家去。

第二，仅法律、法规等"作品"的"官方正式译文"不享有版权。如果这些条文的译文是官方之外的单位或个人译出的，是对"无版权"的原文翻译后产生的新作，则享有版权，不经许可而使用将构成侵权。

第三，出版单位须注意法律与法规在我国不享有版权。但是，任何单位想要出版"法规汇编"，则必须依法行事。按国务院颁布的《法规汇编编辑出版条例》规定，为了维护我国社会主义法制的统一和尊严，凡法律汇编，均只能由全国人大法工委编辑；行政法规汇编只能由国务院法制局编辑；军事法规汇编只能由中央军委法制局编辑；部门规章由国务院各部门依照该部门职权范围编辑；地方性法规汇编由地方人大及地方政府指定的机构编辑。这些编辑物的出版，也分别由有权编辑的部门选择中央一级出版社或地方出版社出版。法律及行政法规汇编的少数民族文版及外文版，也分别由全国人大法工委及国务院组织或协助审定。违反这一规定而擅自出版法律法规汇编的，将受到行政处罚。

（三）时事新闻

时事新闻，是指通过报纸、期刊、广播电台、电视台等媒体报道的单纯事实消息。

时事新闻不受版权保护，是《著作权法》根据《伯尔尼公约》第2条第8款做出的规定。这里要特别注意：不能把纯时事新闻与新闻故事或有独创性表述的新闻报道相混淆。

（四）历法、通用数表、通用表格和公式

《伯尔尼公约》没有涉及这么细的不受保护客体。把这些内容排除到版权保护范围外，有些是依据基本的版权保护原理做出的。

第二节 著作权的基本内容

著作权法律关系的内容，亦称著作权的内容，是指作者和其他著作权人与其他任何人之间，基于作品的创作、传播和使用所产生的权利和义务。

一、著作权的主体及权利

根据《著作权法》第二章"著作权"中第一节"著作权人及其权利"第9条、第二节"著作权归属"第11条至第19条规定，著作权主体与作者是既有联系又有区别

的，并且，著作权的归属在不同情况下需分别加以处理。

（一）作者与著作权主体

作者是文学、艺术和科学作品的创作者。《著作权法》规定的作者需满足下列4个条件：应当具有创作能力，并掌握了一定知识和制作相应表现形式的技能和技巧；应实际从事了创作活动，即实际上从事了创作的实践活动，参与了创作活动的全部或部分工作；通过创作活动获得了成果；作品应当符合《著作权法》对作品所明确规定的范围。

《著作权法》第11条规定："创作作品的公民是作者。由法人或者其他组织主持、代表法人或者其他组织意志创作，并由法人或者其他组织承担责任的作品，法人或其他组织视为作者。"

根据《著作权法》的规定，著作权的主体包括：①作者；②其他依照本法享有著作权的公民、法人或者其他组织。

《著作权法》把"作者"与"著作权主体"加以区分。"作者"应理解为著作权人，是著作权主体。而除了"作者"之外的依法享有著作权的公民、法人或其他组织并不一定是作者。法人只能从法律上把其当作作者。"其他组织"指不具备法人条件，经核准登记的社会团体、经济组织或者组成法人的各个相对独立的部门。"其他组织"与"法人"一样，当由其主持，代表其意志创作，并由其承担责任的作品时，"其他组织"与"法人"一样才被视为作者。

至于作者的认定问题，《著作权法》第11条规定："如无相反证明，在作品上署名的公民、法人或其他组织为作者。"但是，在一些情况下，非作者却在作品上署名，或者真正的作者未署名。《著作权法》要求，凡是提出与作品上署名情况相反主张的，则其应当举证证明其是作者，或是作者之一。

总之，作者与著作权主体是两个不同的概念，著作权主体既包括作者，也包括依法可获著作权的法人或其他组织，还包括依法获得著作权的公民。

（二）著作权的归属

1. 著作权归属的一般原则

著作权属于作者，是著作权归属的一般原则。在法律上，这里的作者既包括自然人，也包括法人和其他社会组织。《著作权法》第9条规定，作者以外的公民、法人或者其他组织，依法也可以成为著作权人。由于著作权人这一民事权利是基于创作出文学艺术或其他相关作品这一事实而依法产生的，所以未成年的作者也可以成为著作权人。

2. 合作作品的著作权

两人以上合作的作品是合作作品。通常确定一件作品是否属合作作品，应当具备以下条件：作者之间应有共同从事创作某一作品的意思表示；在创作过程中合作作者始终贯彻了合作创作的意图，相互讨论，注重创作中的衔接、协调和统一；每个合作作品所完成的文学艺术形式，应当达到著作权法所要求的作品的标准。

《著作权法》第 13 条规定："两人以上合作创作的作品，著作权由合作作者共同享有。没有参加创作的人，不能成为合作作者。"合作作品又可分为不可分割作品和可分割作品。《实施条例》第 9 条规定："合作作品不可以分割使用的，其著作权由各合作作者共同享有，通过协商一致行使；不能协商一致，又无正当理由的，任何一方不得阻止他方行使除转让以外的其他权利，但是所得收益应当合理分配给所有合作作者。"合作作品可分割的，作者对自己创作的部分可以单独行使著作权，但是行使该权利时，不得构成对合作作品整体的侵害。在行使著作权的时候，如果合作作品的作者不能协商一致，一方无正当理由，不能拒绝另一方正当行使著作权。

3. 职务作品的著作权

《著作权法》第 16 条规定，公民为完成法人或者其他组织工作任务（指公民在该法人或者该组织中应当履行的职责）所创作的作品是职务作品。根据《著作权法》的规定，职务作品应具备以下特点：①职务作品的作者与该单位应当具有劳动关系；②创作的作品应当属于作者职责范围；③对作品的使用应当属于作者所在单位的正常工作或业务范围内。

职务作品的著作权归属分三种情况：

（1）一般情况下，职务作品的著作权由作者享有，即创作该作品的公民作者享有著作权。但是《著作权法》第 16 条和《实施条例》第 12 条规定，法人或者其他组织有权在其业务范围内优先使用职务作品的著作权。并且在职务作品完成两年内，未经单位同意，作者不得许可第三人以与单位使用的相同方式使用该作品；经单位同意，作者许可第三人以与单位使用的相同方式使用该作品所获报酬，由作者与单位按约定的比例分配。该两年期限自作者向单位交付作品之日起计算。

（2）主要利用法人或者其他组织的物质技术条件（是指该法人或者该组织为公民完成创作专门提供的资金、设备或者资料）创作，并由法人或其他组织承担责任的工程设计图、产品设计图纸及其证明、计算机软件、地图等职务作品，按《著作权法》及实施细则规定，作者仅享有署名权，著作权的其他权利由法人或者其他组织享有，法人或者其他组织可给予作者奖励。

（3）依劳动合同约定，由法人或者其他组织主持，职务作品是根据法人或者其他组织的意志创作，并由法人或者其他组织承担责任，法人或者其他组织被视为作者的职务作品，著作权由被视为作者的法人或者其他组织享有。

4. 编辑作品的著作权

《著作权法》第 14 条规定：汇编若干作品、作品的片段或者不构成作品的数据或者其他材料，对其内容的选择或者编排体现独创性的作品，为汇编作品，其著作权由汇编人享有，但行使著作权时，不得侵犯原作品的著作权。

编辑作品实际上是一种汇编，编辑著作权属编辑人。一张报纸的著作权属报社或者编辑部；百科全书著作权属于整个百科全书的编辑人，但里面每一个词条的作者，又对这个词条享有单独的著作权。由于被汇编的作品的著作权状况不同，汇编作品的著作权关系也不相同：

（1）对有著作权的作品进行汇编，要受到著作权人汇编权的制约，即汇编他人作品须取得著作权人的许可，否则要承担侵权的责任。一方面，汇编作品事实上受到两重著作权保护，即原作品著作权和汇编作品著作权；另一方面，作品并不因为被其他人汇编而失去了其他利用权。

（2）汇编不受著作权保护的作品而形成的汇编作品，汇编人仅就其设计和编排的结构或形式享有著作权。

5. 委托作品的著作权

按照《著作权法》的规定，委托创作的作品，著作权归属由委托人和受托人通过合同约定。合同未作明确约定或者没有订立合同的，著作权则属于受托人。

6. 电影等视听作品的著作权

《著作权法》第 15 条规定："电影作品和以类似摄制电影的方法创作的作品的著作权由制片者享有，但编剧、导演、摄影、作词、作曲等作者享有署名权，并有权按照与制片者签订的合同获得报酬。电影作品和以类似摄制电影的方法创作的作品中的剧本、音乐等可以单独使用的作品的作者有权单独行使其著作权。"

7. 著作权的继承人

《著作权法》第 19 条规定："著作权属于公民的，公民死亡后，依本法第 10 条第 1 款第（5）项至第（17）项规定的权利在本法规定的保护期内，依照继承法的规定转移。著作权属于法人或者其他组织的，法人或者其他组织变更、终止后，依本法第 10 条第 1 款第（5）项至第（17）项规定的权利在本法规定的保护期内，由承受其权利义务的法人或者其他组织享有；没有承受其权利义务的法人或者其他组织的，由国家享有。"

二、著作人身权与财产权

（一）著作人身权

所谓著作人身权，是作者基于作品依法享有的以人身利益为内容的权利，是与著作财产权相对应的人身非财产权。人身权是作者人格的体现，在作品中往往包含着作者的思想、气质、性格等，对人身权的尊重就是对作者人格的尊重。在我国，著作人身权有以下特点：①法人及其他组织在一定条件下可以视为作者，因而法人和其他组织也可以享有著作人身权；②著作人身权具有一身专属性，通常不得转让、继承和放弃；③著作人身权不同于民事权利的其他人身权。

根据《著作权法》的规定，著作人身权包括以下一些内容：

（1）发表权。是指作者决定作品是否公之于众的权利，即有权决定自己所创作的作品是否发表、何时发表、何地发表和以什么方式发表。发表权具有以下特点：①发表权只能行使一次。②发表权通常不能转移。③如果因作品而产生的权利涉及第三人的发表权，往往还受到第三权利人的制约。④《实施条例》第 17 条规定，作者生前未发表的作品，如果作者未明确表示不发表，作者死亡后 50 年内，其发表权可由继承人或者受遗赠人行使；没有继承人又无受遗赠的，由作品原件的所有人行使。

（2）署名权。是指作者有权决定在自己创作的作品及其复制件上标记姓名的权利。署名权只能是真正的作者和被视为作者的法人和其他组织才有资格享有，其他任何个人和组织都不得行使此项权利。所以，署名权还隐含着另一种权利，即作者资格权。法律规定署名权的根本目的，在于保障不同作品来自不同作者这一事实不被人混淆，署名即是标记。

（3）修改权。是指作者修改自己创作的作品，或者授权他人修改自己的作品的权利。

（4）保护作品完整权。是指作者保持自己创作的作品完整，不受他人歪曲或篡改的权利。著作权法的保护，只及于思想或情感的表现形式，而不延及其思想和情感本身。

值得注意的是，根据《实施条例》规定，作者死亡后，其著作中的署名权、修改权和保护作品完整权由作者的继承人或者受遗赠人来保护；没有继承人或受遗赠人，则由著作权行政管理部门保护。

（二）著作财产权

著作财产权是指著作权人基于对作品的利用给其带来的财产收益权。根据我国《著作权法》的规定，著作权中的财产权包括如下内容：

（1）复制权。是指以印刷、复印、拓印、录音、录像、翻录、翻拍等方式将作品制作一份或多份的权利。

（2）发行权。是指以出售或者赠与方式向公众提供作品的原件或者复制件的权利。

（3）出租权。即有偿许可他人临时使用电影作品和以类似摄制电影的方法创作的作品、计算机软件的权利，计算机软件不是出租的主要标的的除外。

（4）展览权。是指公开陈列美术作品、摄影作品的原件或者复制品的权利。著作权人有权允许他人通过展览的方式使作品原件与公众直接见面。根据《著作权法》第18条的规定："美术等作品原件所有权的转移，不视为作品著作权的转移，但美术作品原件的展览权由原件所有人享有。"如果美术作品或摄影等作品的内容涉及第三人的肖像，著作权人行使展览权还要受到肖像权人权利上的限制；如果上述作品内容涉及第三人的隐私，则行使展览权不得侵犯他人的隐私。

（5）表演权。是指公开表演作品，以及用各种手段公开播送作品的表演的权利。这里所说的表演，是指活生生的表演，当场能看到或听到的。表演者（含演员、演出单位）使用他人作品进行演出，应取得著作权人许可，并按照规定支付报酬；著作权人声明不许使用的不得使用。

（6）放映权。即通过放映机、幻灯机等技术设备公开再现美术、摄影、电影和类似摄制电影的方法创作的作品等的权利。

（7）广播权。是指以无线方式公开广播或者传播作品，以有线传播或者转播的方式向公众传播广播的作品，以及通过扩音器或者其他传送符号、声音、图像的类似工具向公众传播广播的作品的权利。

（8）信息网络传播权。即以有线或者无线方式向公众提供作品，使公众可以在其个人选定的时间和地点获得作品的权利。

（9）摄制权。是指以摄制电影或者以类似摄制电影的方式将作品固定在载体上的权利。根据《著作权法》第15条的规定，电影作品和以类似摄制电影的方式创作作品的著作权由制片者享有，但编剧、导演、摄影、作词、作曲等作者享有署名权，并有权按照与制片者签订的合同获得报酬。

（10）改编权。是指改变作品，创作出具有独创性的新作品的权利。

（11）翻译权。是指将作品从一种语言文字转换成另一种语言文字的权利。

（12）汇编权。是指将作品或者作品的片段通过选择或者编排，汇集成新作品的权利。

（13）整理权。是指对内容零散、层次不清的已有作品或者材料进行条理化、系统化加工的权利。《著作权法》在著作权一节中并未规定整理权，整理权这个概念是在关于著作权归属一节第 12 条中才出现的。根据著作权保护的原则，整理已有作品而产生的作品，其著作权由整理人享有，但行使著作权时不得侵犯原作品的著作权。

三、著作权的取得和期间

（一）著作权的取得

1. 实质条件

实质条件是法律对作品的要求。按照《伯尔尼公约》第 2 条规定，对以物质载体方式固定下来的作品是否提供著作权法保护，由各国自行决定。根据我国《著作权法》的规定，只要特定的思想或情感被赋予一定的文学艺术形式，这种形式无论是作品的全部还是其中的一部分，也无论该作品是否已采取了一定物质形式被固定下来，都可以依法被认为是受保护的作品。

2. 形式条件

形式条件是指作品完成后，是不附加其他条件就享有著作权，还是附加一定的条件或是履行一定法律手续才能取得著作权。我国著作权法采用自动保护的方法，作品一经产生，不论是整体还是局部，只要具备了作品的属性，就自动产生著作权，既不要求登记，也不要求发表，也无须在复制物上加注著作权标记。

（二）著作权的保护期

首先，作者的署名权、修改权、保护作品完整权这三项著作权人身权的保护期是不受限制的，具有永恒性。

其次，对于其余的著作权的权项来说，公民的作品，其发表权、使用权和获得报酬权的保护期为作者终身及其死后 50 年，截止于作者死亡后第 50 年的 12 月 31 日；如果是合作作品，截止于最后死亡的作者死亡后第 50 年的 12 月 31 日。

再次，法人或其他组织享有的职务作品，其发表权、使用权和获得报酬权的保护期为 50 年，截止于首次发表后的第 50 年的 12 月 31 日；其作品自创作完成之后 50 年内未发表的，《著作权法》将不再保护。电影、电视、录像和摄影作品也同样如此。

四、邻接权

《著作权法》第四章主要是邻接权的规定。表演者对其表演、录音录像制作者对其制作的录音录像、广播电视组织对其播放的广播电视节目所享有的专有权利，通称为"与著作权邻接的一些权利"，一般简称为"邻接权"。

（一）表演者的权利

《著作权法》第36条、第37条是关于表演的规定。其中第36条是表演者对著作权人的义务，而不是表演者本人的权利。使用他人作品演出，表演者（演员、演出单位）应当取得著作权人许可，并支付报酬。演出组织者组织演出，由该组织者取得著作权人许可，并支付报酬。著作权人声明不许使用的不得使用。

第37条规定了表演者的六项权利：

（1）表明表演者身份。表演者对其表演行为，或对播放含有其表演的音像制品，均享有表明自己姓名、身份的权利。例如在转播、录制过程中，要说明转播的节目是谁表演的，磁带上的歌是谁唱的，曲子是谁演奏的。

（2）保护表演形象不受歪曲。表演形象不是表演者的平时形象，而特指表演者在表演时的艺术形象。

（3）许可他人从现场直播和公开传送其现场表演，并获得报酬。即许可他人通过无线电广播或电视系统等通讯手段把现场表演直接传送给用户的权利。

（4）许可他人录音、录像复制和发行录音录像及其制品，并获得报酬。与现场直播相比，录音录像及其制品具有可反复重现性，而现场直播通常是一次性的。

（5）许可他人复制、发行录有其表演的录音录像制品，并获得报酬。

（6）许可他人通过信息网络向公众传播其表演，并获得报酬。

根据《著作权法》第38条的规定，上述权利中第（1）项、（2）两项的保护期不受时间限制。

（二）录音录像制作者的权利

根据《著作权法》的规定，录音录像制作者的权利主要有：

（1）录音录像制作者使用他人的作品制作录音录像制品，应当取得著作权人许可，并支付报酬。录音录像制作者使用改编、翻译、注释、整理已有作品而产生的作品，应当取得改编、翻译、注释、整理、汇编作品的著作权人和原作品的著作权人许可，并支付报酬。

(2) 使用他人已经合法录制为录音录像制品的作品制作录音录像制品,可以不经著作权人许可,但应当按照规定支付报酬;著作权人声明不许使用的不得使用。

(3) 录音录像制作者制作录音录像制品,应当同表演者订立合同,并支付报酬。

(4) 录音录像制作对其制作的录音录像制品,享有许可他人复制、发行、出租、通过信息网络向公众传播并获得报酬的权利;权利的保护期为 50 年,截止于该制品首次制作完成后第 50 年的 12 月 31 日。

被许可人复制、发行、通过信息网络向公众传播录音录像制品,还应当取得著作权人、表演者许可,并支付报酬。

(三) 广播电台、电视台的权利

《著作权法》第四章第四节内容是关于广播、电视组织的权利与义务的。按照《著作权法》,广播电台、电视台使用已发表或未发表的作品所产生的权利义务,以及同表演者的关系,与录音录像制作者大致相同,此处不再赘述。

此外,广播电台、电视台有权禁止未经其许可的下列行为:第一,将其播放的广播、电视转播;第二,将其播放的广播、电视节目录制在音像载体上以及复制音像载体。

《著作权法》还规定,电视台播放他人的电影作品和类似摄制电影的方法创作的作品、录像制品,应当取得制片者或者录像制作者的许可,并支付报酬。播放他人的录像制品,还应当取得著作权人许可,并支付报酬。

(四) 出版

在邻接权制度中加入对出版者权利的规定,是我国著作权法的一个特点。《著作权法》第 29 条至第 35 条规定了图书出版者、著作权人之间的关系、权利与义务等。

(1)《著作权法》第 29 条规定:图书出版者出版图书应当和著作权人订立出版合同,并支付报酬。

(2) 图书出版者对著作权人交付出版的作品,按照合同约定享有的专有出版权受法律保护,他人不得出版该作品。合同约定图书出版者享有专有出版权(版式设计)的期限为 10 年。此处,"专有"意味着著作权人对出版社做出的一种承诺,即承担在合同期内不把作品交由其他第三人出版的义务。

(3) 图书出版者应当按照合同约定的出版质量、期限出版图书,图书出版者不按照合同约定期限出版,应当依照《著作权法》第 53 条的规定承担民事责任。同时,图书出版者重印、再版作品的,应当通知著作权人,并支付报酬。图书脱销后,图书出版者拒绝重印、再版的,著作权人有权终止合同。"脱销"的含义在《著作权法》中未明确界定，但《实施条例》第 29 条规定"著作权人寄给图书出版者的两份订单在 6 个月内未能得到履行，视为《著作权法》第 31 条所称图书脱销"。一般认为图书发行部门没有库存即被认定为"脱销"。

（4）著作权人向报社、期刊社投稿的，自稿件发出之日起 15 日内未收到报社通知决定刊登的，或者自稿件发出之日起 30 日内未收到期刊社通知刊登的，可以将同一作品向其他报社、期刊社投稿。双方另有约定的除外。作品刊登后，除著作权人声明不得转载、摘编的外，其他报刊可以转载或者作为文摘、资料刊登，但是应当按规定向著作权人支付报酬。

（5）图书出版者经作者许可，可以对作品进行修改、删节。报社、期刊社可以对作品作文字性修改、删节；对内容的修改，应当经作者许可。

此外，出版演绎（改编、翻译、注释、整理、汇编）作品，不仅要向演绎作品的作者支付报酬，而且还要向原著作权人支付报酬。

第三节 著作权的使用与保护

一、著作权的许可使用

所谓著作权的许可使用，是指著作权人授权以一定的方式，在一定的期间和一定的地域范围内，商业性使用其作品的行为。主要是以复制、发行、出租、展览、表演、放映、广播、信息网络传播、摄制、改编、翻译、汇编等方式利用作品，并由此获得报酬的行为。许可使用是著作权人行使其著作权中的财产权的主要形式。著作权的许可使用具有以下一些特征：

（1）著作权的许可使用，必须由著作权人亲自行使，而不能由其他人代行这个权利。

（2）著作权的许可使用具有多样性，即对同一部作品可以有几种不同的使用方式。即使是同一种使用方式，著作权人既可以授予一个使用者以专有使用权，也可以以非专有的方式同时授予不同的使用者。即使授予专有性的授权使用，由于著作权受时间、地域的限制，著作权人还可以在不同的时间、不同的地点，再度将著作权授予他人使用。

（3）被许可人只有有限的使用权，只能按许可的时间、地点和方式使用作品，并且仅有使用权，而无所有权。

《著作权法》第 32 条规定，著作权人向报社、期刊社投稿的，自稿件发出之日起

15 日内未收到报社通知决定刊登的，或者自稿件发出之日起 30 日内未收到期刊社通知决定刊登的，可以将同一作品向其他报社、期刊社投稿。双方另有约定的除外。《著作权法》第 24 条规定，著作权许可合同包括以下主要内容：①许可使用作品的权利种类；②许可使用的权利是专有使用权或者非专有使用权；③许可使用的地域范围、期间；④付酬标准和办法；⑤违约责任；⑥双方认为需要约定的其他内容。

二、著作权的限制

著作权人的权利不是绝对垄断的权利，也不是永恒的权利。它要受到著作权的合理使用、强制许可等制度的限制。

（一）著作权的合理使用

各国版权法都规定在一定的条件下为了个人学习或从事科学研究的目的，或者为了教学活动、学术研究、公共借阅、宗教或慈善性质的活动等社会利益，可以不经著作权人的同意，也不必向其支付报酬而自己使用。这种法律允许的自由使用，即称为"合理使用"。

我国《著作权法》第 22 条规定，在下列 12 种情况下使用作品，可以不经著作权人许可，不向其支付报酬，但应当指明作者姓名、作品名称，并且不得侵犯著作权人依照本法享有的其他权利：

（1）为个人学习、研究或者欣赏，使用他人已经发表的作品。

（2）为介绍、评论某一作品或者说明某一问题，在作品中适当引用他人已发表的作品。

（3）为报道时事新闻，在报纸、期刊、广播电台、电视台等媒体中不可避免地再现或者引用已经发表的作品。

（4）报纸、期刊、广播电台、电视台等媒体刊登或播放其他报纸、期刊、广播电台、电视台等媒体已经发表的关于政治、经济、宗教问题的时事性文章，但作者声明不许刊登、播放的除外。

（5）报纸、期刊、广播电台、电视台等媒体刊登或播放在公众集会上发表的讲话，但作者声明不许刊登、播放的除外。

（6）为学校课堂教学或者科学研究，翻译或者少量复制已经发表的作品，供教学或者科研人员使用，但不得出版发行。

（7）国家机关为执行公务在合理范围内使用已发表的作品。

（8）图书馆、档案馆、纪念馆、博物馆、美术馆等为陈列或者保存版本的需要，复制本馆收藏的作品。

(9) 免费表演已经发表的作品,该表演未向公众收取费用,也未向表演者支付报酬。

(10) 对设置或者陈列在室外公共场所的艺术作品进行临摹、绘画、摄影、录像。

(11) 将中国公民、法人或者其他组织已经发表的以汉语言文字创作的作品翻译成少数民族语言文字作品在国内出版发行。

(12) 将已经发表的作品改成盲文出版。

以上规定适用于对出版者、表演者、录音录像制作者、广播电台、电视台的权利的限制。

(二) 著作权的法定许可使用

法定许可使用是指根据法律的直接规定,以特定的方式使用他人已经发表的作品,可以不经著作权人的许可,但应当向著作权人支付报酬,并尊重著作权人的其他各项人身权和财产权的制度。各国适用法定许可使用的作品的范围有所区别,但普遍限于已发表的作品。

我国《著作权法》也规定了法定许可制度,具体体现在以下一些条文中,即:第23条、第39条、第42条、第43条。这些内容在上文有关邻接权的介绍中已提及,此处不再赘述。

(三) 著作权的强制许可使用

强制许可使用是指在特定的条件下,由著作权主管机关根据情况,将对已经发表作品进行特殊使用的权利授予申请获得此项使用权的人,并把授权的依据称为"强制许可证",所以这种制度又称为"强制许可证"制度。

《伯尔尼公约》和《世界版权公约》都规定了强制许可制度。根据两个公约,缔约国主管当局享有颁发强制许可证的权利,特别是为发展中国家的教学、学术活动和科学研究方面的便利,允许主管部门颁发翻译权与复制权的强制许可。根据强制许可证获得的对作品的使用权不得转让。强制许可证仅限于该国内有效。根据强制许可证所使用作品的报酬,通常由法律规定。

我国《著作权法》中第23条、第42条为强制许可制度,但由于我国已加入了两个基本的著作权国际公约,因此也适用公约关于强制许可的规定。

三、著作权的法律保护

《著作权法》第五章"法律责任和执法措施"共 10 条，主要规定了作者及其他著作权人的权利受到侵害时，法律对作者及著作权人可提供的保护措施。

（一）侵犯著作权的民事责任

1. 侵犯著作权的行为

《著作权法》第 46 条规定了应当承担民事责任的 11 种著作权侵权行为：

（1）未经著作权人许可，发表其作品，侵犯发表权的行为。作品的公开与否及公开的方式、时间、地域等均是著作权人的权利，未经著作权人同意发表其作品，或违背著作权人意愿、不按著作权人决定的时间、地点、形式、条件发表作品的行为，均构成对著作权人发表权的损害。

（2）未经合作作者许可，将与他人合作创作的作品当作自己单独创作的作品发表的。把合作作品当作自己单独创作的作品发表，不仅侵犯了其他合作人的发表权，还侵犯了署名权，侵吞了他人的创造劳动成果，同时也欺骗了使用作品的单位和个人，欺骗了社会公众。

（3）没有参加创作，为谋取个人私利，在他人作品上署名的。未参加创作的人在他人作品上署名，是对作者署名权的侵犯。

（4）歪曲、篡改他人作品。《著作权法》保护作品的完整性不受侵犯，未经作者许可，任何人无权修改其作品，否则属于侵犯作者的保护作品完整权。

（5）剽窃他人作品的。

（6）未经著作权人许可，以展览、摄制电影和以类似摄制电影的方式使用作品，或者以改编、翻译、注释等方式使用作品的。实践中未经作者同意以这些方式使用其作品的现象很普遍，严重损害了作者的财产权，这是著作权法所禁止的。

（7）使用他人作品，应当支付报酬而未支付的。这主要是指根据著作权法的规定，某些使用他人已经发表的作品，可以不经著作权人许可，但应当按照规定支付报酬的情况，这就是"法定许可使用"。如果使用人不按规定支付报酬，则属于侵犯著作权的行为。

（8）未经电影作品和类似摄制电影的方式创作的作品、计算机软件、录音录像制品的著作权人或者与著作权有关的权利人许可，出租其作品或者录音录像制品的。

（9）未经出版者许可，使用其出版的图书、期刊的版式设计的。

（10）未经表演者许可，从现场直播或者公开传送其现场表演的，或者录制其表演的。许可和禁止从现场直播其表演，是表演者的权利。未经其许可使用该权利的，是侵犯表演者权利的行为。

(11) 其他侵犯著作权以及与著作权有关的权益行为。

2. 侵犯著作权行为的民事责任

根据《著作权法》第46条的规定，侵犯著作权的行为根据情况应当承担下列民事责任：

(1) 停止侵害。是指责令侵权人立即停止正在实施的侵犯他人著作权的行为，保护受害人的合法权益。

(2) 消除影响和公开赔礼道歉。这主要是指侵犯著作权行为给权利人造成的人身权利侵害而适用的责任方式，可以单独使用，也可以与其他方式一起使用。

(3) 赔偿损失。侵权损害的民事责任主要是财产责任，赔偿损失又是承担财产责任的主要方式，确定侵犯著作权行为赔偿责任应遵循如下原则：全部赔偿的原则；实事求是、公平合理的原则。

(二) 侵犯著作权的行政责任

1. 侵犯著作权的行为

《著作权法》第47条规定了以下8种应当承担行政责任的侵犯著作权的行为：

(1) 未经著作权人许可，复制、发行、表演、放映、广播、汇编、通过信息网络传播其作品的。

(2) 出版他人享有专有出版权的图书的。

(3) 未经表演者许可，复制、发行录有其表演的录音录像制品，或者通过信息网络向公众传播其表演的。

(4) 未经录音录像制作者许可，复制、发行、通过信息网络向公众传播其制作的录音录像制品的。

(5) 未经许可，播放或者复制广播、电视的。

(6) 未经著作权人或者著作权有关的权利人许可，故意避开或者破坏权利人为其作品、录音录像制品等采取的保护著作权或者与著作权有关的权利的技术措施的。

(7) 未经著作权人或者与著作权有关的权利人许可，故意删除或者改变作品、录音录像制品等的权利管理电子信息的。

(8) 制作、出售假冒他人署名的美术作品的。

2. 侵犯著作权的行政责任

对于上述8种较严重的侵权行为，著作权行政管理部门视其情节轻重，根据《著作权法》第47条的规定，可以给予以下处罚：责令停止侵权行为；没收违法所得；没收销毁侵权复制品及制作材料、工具和设备等；并可根据第 48 条的规定，分别处以一定的罚款。《实施条例》第 36 条规定，"有著作权法第 47 条所列侵权行为，同时损害社会公共利益的，著作权行政管理部门可以处非法经营额 3 倍以下的罚款；非法经营额难以计算的，可以处 10 万元以下的罚款。"

（三）侵犯著作权的刑事责任

我国 1990 年颁布的《著作权法》没有规定对侵犯著作权行为的刑事处罚；2001 年新修订的《著作权法》第 47 条规定，侵权行为已构成犯罪的，要依法追究当事人的刑事责任。1994 年 7 月 5 日八届全国人大常委会第八次会议做出了《关于惩治侵犯著作权的犯罪的决定》，强化了对著作权的保护。

我国《刑法》第二编第三章第七节"侵犯知识产权罪"第 217 条规定：以营利为目的，有下列侵犯著作权情形之一，违法所得数额较大或者有其他严重情节的处三年以下有期徒刑或者拘役，并处或者单处罚金；违法所得数额巨大或者有其他特别严重情节的，处三年以上七年以下有期徒刑，并处罚金：

（1）未经著作权人许可，复制发行其文字作品、音乐、电影、电视、录像作品、计算机软件及其他作品的。

（2）出版他人享有专有出版权的图书的。

（3）未经录音录像制作者许可，复制发行其制作的录音录像的。

（4）制作、出售假冒他人署名的美术作品的。

第四节　计算机软件的著作权保护

《著作权法》第 3 条把"计算机软件"列为受保护的客体之一，同时第 58 条规定："计算机软件的保护办法由国务院另行规定。" 1991 年 6 月 4 日，国务院有关部门根据《著作权法》的规定，制定了《计算机软件保护条例》，并于 1991 年 10 月 1 日起实施；1991 年 4 月 6 日，机械电子工业部正式公布《计算机软件著作权登记办法》，并于 1992 年 5 月 1 日实施；1992 年 9 月 25 日，国务院发布了《实施国际著作权条约的规定》，1992 年 9 月 30 日起实行。2001 年 12 月 20 日，中华人民共和国国务院令第 39 号又公布了新修订的《计算机软件保护条例》（下称《条例》），新条例自 2002 年 1 月 1 日起施行。这些法律、法规的颁布实施，形成了我国计算机软件著作权法律保护体系。

一、计算机软件获得法律保护的条件

(一) 软件的定义

《条例》第2条、第3条将"软件"定义为"计算机程序及其有关文档"。其中:

(1) 计算机程序:是指为了得到某种结果而可以由计算机等具有信息处理能力的装置执行的代码化指令序列,或者可被自动转换成代码化指令序列的符号化指令序列或者符号化语句序列。同一计算机程序的源程序和目标程序为同一作品。

(2) 文档:是指用来描述程序的内容、组成、设计、功能规格、开发情况、测试结果及使用方法的文字资料和图表等,如程序设计说明书、流程图、用户手册等。

(二) 计算机软件获得法律保护的条件

《条例》规定,对计算机软件的保护是指软件著作权人或者其受让者享有本条例规定的软件著作权的各项权利。第4条、第5条规定了计算机软件获得法律保护的条件:

(1) 软件必须是由开发者独立开发的,并已经固定在某种有形物体上。

(2) 对软件著作权的保护不能延及开发软件所用的思想、处理过程、操作方法或者数学概念等。

此外,《条例》还规定,中国公民、法人或者其他组织对其所开发的软件,不论是否发表,均享有著作权。外国人、无国籍人的软件首先在中国境内发表的,享有著作权;外国人、无国籍人在中国境外发表的软件,依照其开发者所属国或者经常居住地同中国签订的协议或依照中国参加的国际条约享有的著作权,受本条例保护。

(三) 计算机软件著作权的内容

根据(条例)第8条的规定,软件著作权人享有以下权利:

(1) 发表权,即决定软件是否公之于众的权利。

(2) 署名权,即表明开发者身份,在其软件上署名的权利。

(3) 修改权,即对软件进行增补、删节,或者改变指令、语句序的权利。

(4) 复制权,即将软件制作一份或者多份的权利。

(5) 发行权,即以出售或者赠与方式向公众提供软件的原件或者复制件的权利。

(6) 出租权,即有偿许可他人临时使用软件的权利,但是软件不是出租的主要标的的除外。

(7) 信息网络传播权,即以有线或者无线方式向公众提供软件,使公众可以在其个人选定的时间和地点获得软件的权利。

（8）翻译权，即将原软件从一种自然语言文字转换成另一种自然语言文字的权利。

（9）应当由软件著作权人享有的其他权利。软件著作权人可以许可他人行使其软件著作权，并有权获得报酬；软件著作权人可以全部或者部分转让其软件著作权，并有权获得报酬。

（四）计算机软件著作权的保护期限

软件著作权的保护期为50年，截止于软件首次发表后第50年的12月31日。但软件自开发完成之日起50年内未发表的，本条例不再保护。

关于计算机软件著作权的保护期限，应注意以下几点：软件著作权属于自然人的，该自然人死亡后，在软件著作权的保护期内，软件著作权的继承人可以依照《中华人民共和国继承法》的有关规定，继承本条例第8条规定的除署名权以外的其他权利。

软件著作权属于法人或者其他组织的，法人或者其他组织变更、终止后，其著作权在本条例规定的保护期内，由承受其权利义务的法人或者其他组织享有；没有承受其权利义务的法人或者其他组织的，由国家享有。

二、计算机软件著作权的归属

根据《条例》的规定，软件著作权属于软件开发者；如无相反证明，在软件上署名的自然人、法人或者其他组织为开发者。

（一）计算机软件的开发

1. 合作开发

由两个以上的自然人、法人或者其他组织合作开发的软件，除另有协议外，其软件著作权由各合作开发者共同享有。

合作开发者对软件著作权的使用按事前的书面协议进行。如无书面合同或者合同未作明确约定，合作开发的软件可以分割使用的，开发者对各自开发的部分可以单独享有著作权；但是，行使著作权时，不得扩展到合作开发的软件整体的著作权。合作开发的软件不能分割使用的，由各合作开发者共同享有，通过协商一致行使；不能协商一致，又无正当理由的，任何一方不得阻止他方行使除转让权以外的其他权利，但所得收益应合理分配给所有合作开发者。

2. 委托开发

他人委托开发的软件，其著作权的归属由委托人与受委托人签订书面合同约定；如无书面合同或者合同未作明确约定的,其著作权由受委托人享有。

3. 下达任务开发

由国家机关下达任务开发的软件,著作权的归属与行使由项目任务书或者合同规定,项目任务书或者合同中未作明确规定的,软件著作权由接受任务的法人或者其他组织享有。

4. 本职工作开发

自然人在法人或者其他组织中任职期间所开发的软件有下列情形之一的,该软件著作权由该法人或者其他组织享有,该法人或者其他组织可以对开发软件的自然人进行奖励:

(1) 针对本职工作中明确指定的开发目标所开发的软件。

(2) 开发的软件是从事本职工作活动所预见的结果或者自然的结果。

(3) 主要使用了法人或者其他组织的资金、专用设备、未公开的专门信息等物资技术条件所开发并由法人或者其他组织承担责任的软件。

(二) 计算机软件的登记管理

1. 计算机软件的登记管理机构

根据有关规定,中国软件登记中心具体承担计算机软件著作权的登记工作。

2. 计算机软件登记的法律效力

根据《条例》的规定,向软件登记管理机构办理软件著作权的登记,是依法提起软件著作权纠纷行政处理或者诉讼的前提。软件著作权登记管理机构发放的登记证明文件,是软件著作权有效或者登记申请文件中所述事实确定的初步证明。

对于已登记的软件,在软件著作权发生转移活动时,当事人应当订立书面合同,受让方应当在转让合同正式签订后3个月内向软件登记管理机构备案,否则不能对抗第三者的侵权活动。没有订立书面合同或者合同中未明确约定为专有许可的,被许可行使的权力应当视为非专有权力。

中国公民、法人或者其他组织向外国人许可或者转让软件著作权的,应当遵守《中华人民共和国技术进出口管理条例》的有关规定。

(三) 计算机软件著作权的合理使用

软件的合法复制品所有人享有下列权利:

(1) 根据使用的需要把该软件装入计算机等具有信息处理能力的装置内。

(2) 为了防止复制品损坏而制作备份复制品。但这些备份复制品不得通过任何方式提供给他人使用,并在所有人丧失该合法复制品的所有权时,负责将备份复制品销毁。

（3）为了把该软件用于实际的计算机应用环境或者改进其功能、性能而进行必要的修改；但是，除合同另有约定外，未经该软件著作权人许可，不得向任何第三方提供修改后的软件。

为了学习和研究软件内含的设计思想和原理，通过安装、显示、传输或者存储等方式使用软件的，可以不经软件著作权人许可，不向其支付报酬。

软件开发者开发的软件，由于可供选择的方式有限而与已经存在的软件相似的，不构成对已经存在的软件著作权的侵犯。

三、计算机软件著作权的侵权行为及法律责任

（1）《条例》第23条规定，对计算机软件有下列侵权行为的，应当根据情况，承担停止侵害、消除影响、赔礼道歉、赔偿损失等民事责任：①未经软件著作权人许可，发表或者登记其软件的；②将他人的软件作为自己的软件，发表或者登记的；③未经合作者许可，将与他人合作开发的软件作为自己单独完成的软件发表或者登记的；④在他人的软件上署名或者更改他人软件上的署名的；⑤未经软件著作权人许可，修改、翻译其软件的；⑥其他侵犯软件著作权的行为。

（2）《条例》第24条规定，有下列侵权行为的，除承担相应的民事责任外，同时损害社会公共利益的，由著作权行政管理部门责令停止侵权行为，没收违法所得，没收、销毁侵权复制品，可以并处罚款；情节严重的，著作权行政管理部门可以没收主要用于制作侵权复制品的材料、工具、设备等；触犯刑律的，依照刑法关于侵犯著作权罪、销售侵权复制品罪的规定，依法追究刑事责任：①复制或者部分复制著作权人的软件的；②向公众发行、出租、通过信息网络传播著作权人的软件的；③故意避开或者破坏著作权人为保护其软件著作权而采取的技术措施的；④故意删除或者改变软件权利管理电子信息的；⑤转让或者许可他人行使著作权人的软件著作权的。

软件复制品持有人不知道也没有合理理由应当知道该软件是侵权复制品，不承担赔偿责任；但是应当停止使用、销毁该侵权复制品。如果停止使用并销毁该侵权复制品将给复制品使用人造成重大损失的，复制品使用人可以在向软件著作权人支付合理费用后继续使用。

分析与思考

1. 我国《著作权法》规定的保护对象和不保护对象是什么？

2. 如何区分作者和著作权主体？
3. 怎样确定著作权的归属？
4. 何谓著作人身权、著作财产权？
5. 什么叫邻接权？具体内容是什么？
6. 什么叫著作权的许可使用和合理使用？
7. 承担民事责任的著作权侵权行为有哪些？
8. 承担行政责任的著作权侵权行为有哪些？
9. 计算机"软件"的定义是什么？
10. 计算机软件著作权的侵权行为有哪些？
11. 使用盗版的计算机软件是否构成侵权？为什么？

案　　例

[案例1]　　国民待遇原则

20世纪福某斯电影公司诉北京市文某艺术出版社
音像大世界侵犯著作权案方式

【案情介绍】

原告是在美国注册的一家电影公司，拥有电影作品《独闯龙潭》（COMMANDO）和《虎胆龙威2》（DIE HARD2）在美国的著作权。1994年原告律师在被告处购得深圳市激某节目出版发行公司出版发行的激光视盘《独闯龙潭》和《虎胆龙威2》，原告的购买行为经北京市公证处进行了证据保全公证。被告提交的深圳市激某节目出版发行公司出具的证据表明，《虎胆龙威》经文化部（1989）第118号、《独闯龙潭》经文化部（1990）第200号文件批准出版。被告提供的海外文艺音像制品进口出版许可证不涉及本案电影作品。

1995年11月，根据原告申请，法院对被告的账目进行了证据保全，并委托审计事务所对被告销售的有关激光视盘的情况进行了审计。审计结论是：1993年10月16日至1995年10月31日期间，音像大世界经销情况为：①《独闯龙潭》进货21盘，金额4589.76元；销售20盘，金额5993.40元，存货1盘，金额218.56元，利润为806.40元。②《虎胆龙威》进货32盘，金额6539.04元；销售22盘，销售金额为5603.40元；存货10盘，金额1987.20元，利润为469.04元。

原告为本案诉讼支出的费用包括：①为取得证据而购买被告所售激光视盘的费用：《独闯龙潭》350.30元，《虎胆龙威2》350.30元×2＝700.60元，共计1050.90元。②为收集证据而作的证据保全公证费用562.50元。③为诉讼文件所作的中英文相符公证费600元。④为诉讼需要付给翻译公司的诉讼文件翻译费用638.75元。⑤律师代理费用4662.41元。以上共计7514.56元。原告还提出被告应当赔偿案件预交的费用及审计费用19000余元。

原告诉称：原告是电影著作权人。根据中国政府与美国政府1992年1月17日签订的《中美知识产权谅解备忘录》，以及1992年10月15日对中国生效的《伯尔尼公约》的规定，原告在提起诉讼之前从未授权被告发行销售原告的电影作品，也未授权任何第三人许可被告进行同样的行为。被告未经授权而发行、销售原告拥有著作权的电影作品的激光视盘，是对原告著作权的严重侵犯，因此要求：①责令被告提供侵权制品的销售数量和库存数量；②查封并没收被告未售出原告的全部侵权制品；③责令被告向原告做出书面保证，今后不再发生侵犯原告著作权的行为；④判令被告向原告支付不低于5万元人民币的赔偿金；⑤判令被告承担原告为追究被告侵权责任所付出的费用。

在审理中，原告明确表示由于不知道被告销售的激光视盘的制作时间是否在中美《关于保护知识产权谅解备忘录》生效之后，故对该激光视盘的制作者、出版者暂不起诉。

被告辩称：①本案涉及的电影作品出版物商品，是深圳市激某节目出版发行公司出版、发行的。②我国著作权法规定，只有以摄制录像的方式使用电影是侵权。著作权法没有规定经销、代销不能明确辨认为侵权出版物商品的应负侵权责任；更没有规定经销、代销出版物商品须取得著作权人许可。

〖处理〗

法院判决：

（1）被告音像大世界立即停止销售侵犯原告福某斯公司著作权的激光视盘。

（2）被告音像大世界自本判决生效之日起，30日内向原告支付赔偿金20114.56元。

（3）驳回原告的其他诉讼请求。

（4）本案受理费2010元，审计费10000元，其他诉讼费用125元，均由被告承担。

北京市第一中级人民法院还依照《民法通则》第134条第3款规定，另行制作民事制裁决定书，决定对被告库存的侵权激光视盘予以收缴。

〖法理分析要点〗

（1）根据《伯尔尼公约》和我国《著作权法》，外国人的作品应得到我国相关法律的保护。

（2）此案当事人侵权行为的归责原则——过错责任原则。

[案例2]　著作权的限制

某录音录像公司诉某电影学院侵犯著作权案

【案情介绍】

1992年5月5日，A公司与小说《受戒》的作者汪某订立了"电影、电视剧改编权、拍摄权转让合同"。合同约定汪某允许A公司对其拥有版权的《受戒》等作品进行影视改编及拍摄。汪某保证三年内不将该作品的改编权及拍摄权转让他人；期限为三年，改编摄制完成的电影、电视剧版权归A公司所有，A公司一次性支付给汪某改编转让费人民币5000元。合同期满后，如未对该作品进行改编拍摄，即丧失其改编权与拍摄权；如欲重新拥有以上权利，则需重新签订合同。1994年12月30日，A公司与汪某再次续订了合同，将原合同约定的期限重新确定为1995年3月15日至1998年3月15日，并约定A公司另付给汪某改编权转让费1万元。1992年10月，某学院文学系学生吴某为完成课程作业，将汪某的小说《受戒》改编成电影剧本，并上交某学院。某学院经审核，选定该剧本用于当届学生毕业作品的拍摄。某学院曾就拍摄《受戒》一事通过电话征求过汪某及A公司的意见。汪某表示小说的改编权、拍摄权已转让给A公司。A公司未表示同意某学院拍摄此片。1993年4月，某学院出资5万元，组织该院八九级学生联合摄制电影《受戒》，当年7月完成后期制作。该片全长30分钟，使用16毫米胶片拍摄，片头表明"根据汪某同名小说改编"，片尾表明"某电影学院出品"。某学院曾于当年暑假前后在该院小剧场放映该片两次，用于教学观摩，观众系该院教师及学生。1994年11月，某学院经有关部门批准，组团携《受戒》等片参加了法国朗格鲁瓦学生电影节。在电影节上，《受戒》一片共放映两次，观众主要为参加电影节的各国学生及教师，亦不排除有当地公民。电影节组委会曾对外公开销售过少量门票。影片的放映场所系对外公开售票的电影院中的某一放映厅，某学院未举证证明电影节组委会曾对进入该放映厅的观众采取过限制措施。

A公司得知上述情况后，即诉至某市区人民法院。

原告诉称：著作权法规定的以教学为目的的合理使用仅限于课堂教学，使用方式仅限于少量复制。某学院拍摄《受戒》一片及携该片参加国际电影节的行为超出了法律有关合理使用的规定，侵犯了自己的专有使用权，要求某学院停止侵权，赔偿损失。

被告辩称：被告以教学为目的拍摄电影《受戒》及在校内放映属于合理使用。朗格鲁瓦国际学生电影节纯系学术活动，将电影《受戒》送至该电影节参展不属出版发行，未超出合理使用范围，因此不构成侵权。

【处理】

某市区人民法院经审理认为：某学院为教学需要拍摄该片及在校内放映，属于法律规定的合理使用范围，不构成侵权；某学院携该片参加国际影展的行为，构成对A公司享有的专有使用权的侵害。据此判决：

（1）判决生效后10日内，被告向原告以书面形式赔礼道歉（致歉内容需经法院审核）。

（2）被告制作的电影《受戒》拷贝及录像带自判决生效之日起只能在其学院内供教学使用，不得投入共有领域。

（3）判决生效之日起10日内，被告赔偿原告经济损失人民币1万元。

一审判决后，A公司不服，提起上诉，请求确认某学院摄制电影的行为是侵权行为，应赔偿损失25万元。

某市中级人民法院经审理认为：某学院的教学方式具有相对特殊性，该校为课堂教学使用作品的方式也应与一般院校有所不同，某学院以拍摄电影方式使用他人作品属于著作权法规定的合理使用。原审法院所作判决并无不当，判决：驳回上诉，维持原判。

〖法理分析要点〗

（1）著作权的时间限制。

（2）著作权的"合理使用"原则。

[案例3] 著作权在先

"五羊雕塑"图案被人申请注册商标案

〖案情介绍〗

五羊雕塑是广州城市的象征。凡去过广州或了解广州的人，几乎没有不知道"五羊雕塑"的。这件著名的城雕作品，是广州市雕塑院的杰作。

广州被称为羊城，又称五羊城，其中有一个广州妇孺皆知的神话故事。据清屈大均《广东新语》记载：周夷王时，南海有五仙人，所骑羊各一色，来集楚庭，各以谷穗一茎六出留于广人。并说愿此富裕永无饥饿。说罢，仙人腾空而去，留下来的羊却化成为石头。

1956年，时任广州市市长的朱光提议建五羊石像，将任务交给当时为广州雕塑室（广州雕塑院前身）主任尹积昌，经过艰苦的创作，整个工程于1960年4月竣工。由于作品思想性和艺术性的完美结合，几十年来，五羊石像的形象已经在广州市民和中外游客中深深扎根，成为广州的象征，1987年五羊雕塑获首届全国城市雕塑优秀奖。

2004年12月，北京某知识产权公司向广州市雕塑院通报：该公司在商标监测过程中发现，在2004年第46期商标公告中有广州市某公司先后注册的"五羊仙"、"五羊醇"等6个以"五羊"命名并含有"五羊雕塑"图案的商标；在第47期商标公告中该公司又注册了4个类似的商标；在第48期商标公告中，广东省吴川市某自然人也注册了以"五羊"命名并含有"五羊雕塑"简笔图案的商标。

〖处理〗

广州市中级人民法院经审理判决："五羊石像"雕塑作品署名权归作者享有，除署名权以外的著作权由广州市政府享有。

〖法理分析要点〗

（1）公益作品的著作权应如何保护？

（2）职务作品的著作权主体归属应如何界定？

（3）后申请权力与在先著作权的关系如何处理？

第四章 专利权

第一节 专利权的主体与客体

专利权是指公民、法人或者其他组织依法对其获专利的发明创造在一定期限内享有的专有权利。在某些特殊情况下，专利权可简称为"专利"，但二者绝不是同一概念。

一、专利权的主体

专利权的主体，是指有权申请专利和取得专利权，并承担相应义务的自然人或法人及其他组织。

《专利法》将发明创造分为两类，因而产生了两类不同的专利权主体。

第一类：职务发明创造，即执行本单位任务或者主要是利用本单位的物质技术条件完成的发明创造。《专利法》对"职务发明创造"作了如下解释：一是执行本单位的任务所完成的发明创造，具体指：在本职工作中做出的发明创造；履行本单位交付的本职工作之外的任务所做出的发明创造；退职、退休或者调动工作后一年内做出的，与其在原单位承担的本职工作或者原单位分配的任务有关的发明创造。二是指利用本单位的物质技术条件，包括本单位的资金、设备、零部件、原材料或者不对外公开的技术资料等所完成的发明创造。此时专利的申请权和相关专利权归该单位拥有或所有，专利法律关系的主体是该单位。

第二类：非职务发明创造。除了职务发明创造外，其余的均是非职务发明创造。此时专利的申请权和相关专利权归发明人或设计人所有，专利法律关系的主体是该发明人或设计人。

发明人或设计人是指对发明创造的实质性特点作出了创造性贡献的人。在完成发明创造过程中，只负责组织工作的人、为物质条件的利用提供方便的人或者从事其他辅助工作的人，不应当被认为是发明人或者设计人。另外，在职务发明创造中，专利权虽然归单位拥有或所有，但为鼓励和补偿职务发明人或设计人的创造性劳动，《专利法》规定应在批准和实施专利后分别对其进行奖励，并按专利实施的效益向其支付报酬。

除了上述两类主体，专利权主体还包括：共同发明人，即为共同发明创造的实质性特点作出了创造性贡献的人，包括个人和单位；合法受让人，即专利申请权和专利权转让的对象。关于协作或委托开发的专利申请权归属，《专利法》第8条规定："两个以上单位协作或者个人合作完成的发明创造、一个单位或者个人接受其他单位或者个人委托所完成的发明创造，除另有协议的外，申请专利的权利属于完成或者共同完成的单位或者个人；申请被批准以后，申请的单位或者个人为专利权人。"在中国没有经常居所或营业所的外国人、外国企业或外国其他组织，可以依照：①其所属国同中国签订的协议，或②其所属国与中国共同参加的国际条约，或③互惠原则，成为专利法律关系的主体。

二、专利权的客体

专利权的客体，是指专利权主体的权利和义务所共同指向的对象，也可以说是《专利法》所保护的对象。《专利法》借鉴国外经验并结合中国的实际情况，将专利权的客体分为三大类，即发明、实用新型和外观设计。

1. 发明

发明，是指对产品、方法或者其改进所提出的新的技术方案。根据此定义，我们可以将发明分为三类：第一类是产品发明，指经过人工制造，以有形物品形式出现的发明；第二类是方法发明，指为解决某一问题所采用的手段与步骤；第三类是改进发明，指对已知的产品或方法做出的具有创造性改变的发明，包括产品的改进发明和方法的改进发明。

2. 实用新型

实用新型，是指对产品的形状、构造或者其结合所提出的适于实用的新的技术方案。根据这一定义，实用新型首先必须是一种产品，是具备实用性的物品，而不能是方法。其次，实用新型必须是有一定的固化形状结构的物品，液体、气体、粉状物等不属于实用新型，各种新材料也不属于实用新型。这是实用新型与发明的两点不同。

3. 外观设计

外观设计，是指对产品的形状、图案、色彩，或者其结合以及色彩与形状图案的结合所做出的富有美感并适于工业上应用的新设计。也就是说，①外观设计是与产品相结合的，这一点与实用新型是一样的。②外观设计是对产品的形状、图案或色彩与形状、图案的结合做出的富有美感的新设计。对比实用新型的定义，可以看出，实用新型重点在于对产品功能的改进，以实用性为标准，称为"新的技术方案"；而外观设计则以富有美感为标准，称为"新设计"，这是二者的根本不同之处。③外观设计是适于工业上应用的设计。这样就把外观设计与艺术的创造设计区别开来了。

第二节 专利权的获得

专利制度的核心是专利权人对其发明创造依法享有的独占实施权,但并非每一项发明创造都能取得专利权。

一、授予专利权的条件

(一) 积极条件

对发明和实用新型来说,只有同时具备了新颖性、创造性和实用性,才能被授予专利权,而外观设计则只要求新颖性和创造性。这三个条件是授予专利的实质性条件。

(1) 新颖性。这是指在申请日以前,没有同样的发明和实用新型在国内外出版物上公开发表过,在国内公开使用过或者以其他方式为公众所知,也没有同样的发明或实用新型由他人向国务院专利行政部门提出过申请并且记载在申请日以后公布的专利申请文件中。

判断发明是否具有新颖性,是以申请日为时间标准的。判断发明新颖性的地域标准则分为两种:对在出版物上发表来说是世界范围内,而对公开使用或以其他方式为公众所知则只限于国内。

(2) 创造性。这是指同申请日以前已有的技术相比,该发明有突出的实质性特点和显著的进步,该实用新型有实质性特点和进步。创造性在某些国家的《专利法》中又称"先进性"或"非显而易见性",其含义是指申请专利的发明或实用新型要比同一领域里现有的技术先进,具有独创性,不是所属技术领域的普通技术人员显而易见的。发明和实用新型的创造性判断比新颖性判断要复杂得多:判断新颖性可以依靠客观标准确定,凡是现有技术中没有的东西就是新颖的;判断创造性则不同,会涉及专利审查人员的主观因素,评判的标准往往有所差别。

(3) 实用性。这是指发明或实用新型能够制造或者使用,并且能够产生积极效果,即强调发明必须能够在工业上制造或者在工业、农业及服务业中应用,并且可能产生技术、经济或社会效益。《专利法》中所指的实用性,并不要求经过工业试验加以证实,而是由专利局的审查员根据情况加以分析判断,确定其应用的可能性。一项发明构造出来后,只做出具体的说明或者制作出模型,即可申请专利。

对外观设计来说，它应当"同申请日以前在国内外出版物上公开发表过或者国内公开使用过的外观设计不相同和不相近似"。可以看出，授予外观设计专利的实质条件之一是新颖性。从新颖性的时间标准和地域标准来看，发明、实用新型和外观设计这三种专利是一致的。另外，外观设计的定义中要求它是"适用于工业上应用的新设计"。因此，实用性是授予外观设计专利的实质条件之二。

申请人要取得专利权，除了要求满足上述实质条件，还应当满足授予专利的形式条件。也就是说，申请发明或者实用新型专利时向专利机关提交的请求书、说明书、权利要求书及其摘要等文件，申请外观设计专利时向专利机关提交的请求书、外观设计的图片或照片等文件，应满足《专利法》及其实施细则所提出的形式要求。

（二）消极条件

那么，只要满足了授予专利的实质条件和形式条件，是不是任何发明创造都可以授予专利呢？不是的。2000年第二次修正的《专利法》第25条规定了不授予专利权的五类发明创造，即：①科学发现；②智力活动的规则和方法；③疾病的诊断和治疗方法；④动物和植物品种；⑤用原子核变换方法获得的物质。而第④项所列产品的生产方法则可以依照《专利法》规定授予专利权。

二、专利申请的原则

1. 书面原则

专利申请的书面原则是指申请人为获得专利权所需履行的各种法定手续都必须依法以书面形式办理。书面形式包含纸质和电子文件等。申请发明或者实用新型专利的，应当提交请求书、说明书及其摘要和权利要求的文件；申请外观设计专利的，应当提交请求书及外观设计的图片或照片的文件。

2. 单一性原则

狭义的单一性原则是指一件专利申请只能包含一项发明创造，不能将两项或两项以上的发明创造作为一件申请提出，属于一个总的发明构思的两项以上的发明创造也可以作为一件申请提出。广义的单一性原则不仅包括上面所说的含义，还包括同样的发明创造只能被授予依次专利权。从这个意义上讲，先申请原则或先发明原则是以广义的单一性原则为基础的。

3. 先申请原则

《专利法》第9条规定："两个以上的申请人分别就同样的发明创造申请专利的，专利权授予最先申请的人。"这就是我国《专利法》所规定的先申请原则。这一原则被世界上大多数国家所采用,只有少数国家采用先发明原则,例如美国。先发明原则,是指当存在两个或两个以上申请人就同一发明主题申请专利时,将按完成发明创造构思的时间来决定专利权授予何人。

4. 优先权原则

优先权原则是《巴黎公约》的基本原则之一,它为国际间的专利申请提供了便利。依照《巴黎公约》,申请人在任一《巴黎公约》成员国首次提出正式专利申请后的一定期限内,又在其他《巴黎公约》成员国就同一内容的发明创造提出专利申请的,可将其首次申请日作为其后续申请的申请日。这种将后续申请的申请日提前至首次申请的申请人的权利便是优先权。在要求优先权时,首次申请日被称为优先权日,享有优先权的一定期限被称为优先权期。

优先权制度的意义集中体现在优先权的效力上,主要有两个方面:一是在优先权期内,发明创造不因任何将该发明创造公诸于世的行为而丧失新颖性;二是可以排除他人在优先权日后就同样的发明创造提出专利申请。但是,要求优先权必须具备一定的条件。依照《巴黎公约》,主要有:①主体合格,即提出优先权的人必须是享有优先权的人;②首次专利申请必须是正式申请;③要求优先权的发明创造必须与首次申请属同一内容;④必须在《巴黎公约》成员国提出优先权请求,对于非成员国,需视其国内法和国家间双边条约而定;⑤优先权请求只能在优先权期内提出,发明专利和实用新型专利的优先权期为12个月,外观设计专利的优先权期为6个月。

1984年《专利法》正是根据《巴黎公约》的规定,给予外国申请人这种优先权。1992年和2000年修改之后,《专利法》又给予本国申请人同样的优先权。

三、专利申请的审查批准

发明专利申请的审批程序包括:受理;初步审查;自申请日起满18个月,公布该申请,或应请求早于18个月的期限公布;自申请日起3年内,申请人请求实质审查;经实质审查没有发现驳回理由的,授予专利权;颁发发明专利证书,同时予以登记和公告;发明专利权自公告之日起生效。自专利公告之日起,任何单位和个人认为授予的专利权不符合《专利法》规定的,都可以请求撤销该专利权。

实用新型与外观设计专利申请的审批程序则相对简单,主要包括:受理;初步审查;经初步审查认为符合法律规定的要求,授予专利并予以公告;自专利公告之日起,任何单位和个人认为授予的专利权不符合《专利法》规定的,都可请求撤销专利权。

自1992年修订的《专利法》取消了1984年《专利法》规定的异议期,在审查通过后直接授予专利权,提早了申请人取得专利的时间,对申请人来说是比较有利的。

第三节 专利权的保护

作为专利权客体的发明创造是一种无形资产,对其进行保护,既有利于专利权人有效地行使其权利,也有利于保护一般公众的利益。

一、专利权人的权利和义务

(一)专利权的内容

(1)独占实施权。独占实施权是专利权人排他地利用其专利的权利,所以也称排他权或禁止权。这是专利权人最基本的权利,是享受其他权利的基础。对发明和实用新型专利来说,专利权人有权为生产经营目的制造、使用、许诺销售、销售或进口其专利产品,有权为生产经营目的使用其专利方法,以及有权使用、许诺销售、销售或进口依照该专利方法直接获得的产品。对外观设计专利来说,专利权人有权为生产经营目的制造、销售或进口其外观设计专利产品。总之,专利权人有权独占实施其专利。也就是说,除法律有特殊规定的情况外,任何单位或者个人未经专利权人许可,不得从事上述行为。专利权人申请专利的目的就是为了垄断该项技术的实施权,凭借这种垄断性权利获取独占性利益。

(2)禁止权。专利权人除了有权禁止他人未经许可为生产经营目的制造、使用、许诺销售、销售其专利产品,或制造、销售其外观设计专利产品外,还有权禁止他人进口这三类产品。1984年《专利法》中并没有进口权的规定,这样,如果在专利权人未申请专利保护的某外国生产出了这种专利产品,国内企业就可以通过进口来实现使用该专利产品的目的。显然,专利权人的独占实施权没有得到充分的保护。因此,全国人大常委会在1992年的修正中增加了对专利权人进口权的保护。

需要注意的是,发明和实用新型专利的专利权人有权禁止他人使用其专利产品或使用依照其专利方法直接获得的产品,而外观设计专利的专利权人不能禁止他人使用其外观设计专利产品。可见,由于外观设计专利的技术难度较低,授予专利的实质条件比发明和实用新型少,因而对外观设计专利权人的保护程度也较低。

(3)转让权。专利权人可以转让其专利权。通过转让,专利权的主体也随之转移,受让方成为专利权人。这种转让可以是有偿的,也可以是无偿的;可以将专利全部转让,也可部分转让。转让专利权时,当事人必须签订书面合同,经专利局登记和公告后生效。

根据《专利法》规定,"中国单位或者个人向外国人转让专利申请权或者专利权的,必须经国务院有关主管部门批准。"

(4) 许可权。专利权人有权许可他人实施其专利。许可与转让的区别在于：许可他人实施,专利权不发生转移,被许可人只能得到利用专利的权利；而转让时专利权则由原专利权人转移给了受让方。与专利权的转让一样,许可时专利权人应与被许可方订立书面实施许可合同。

(5) 标记权。专利权人有权在其专利产品或者该产品的包装上标明专利标记和专利号。专利标记没有统一的规定,可以自行设计；而专利号是中国专利局给予的,具有固定的内涵,不能随意更改。如果其他任何人未经专利权人允许,在其产品或产品包装上标有专利权人的专利标记或专利号,均属于侵权行为。

非职务发明创造的专利权人通常是发明人或设计人自己,而职务发明创造的专利权人通常是发明人或设计人所属的单位。在后一种情况下,发明人或设计人仍拥有一些权利：一是从所属单位获得奖励的权利；二是在专利文件中写明自己是发明人或设计人的权利。

(二) 专利权人的义务

(1) 公开发明创造的义务。公开发明创造是专利权人的一项基本义务。依照专利法,获得专利权的发明创造必须以专利说明的形式将受保护的技术方案和盘托出。

(2) 实施专利发明创造的义务。建立专利制度的目的之一是加快发明创造的推广应用,促进科技进步和经济发展。如果专利权人取得专利权后,自己不实施其专利技术,也不向他人许可使用该专利技术,就违背了专利制度的宗旨。

在我国,凡是 1993 年 1 月 1 日前申请专利的专利权人,由于其专利权的保护适用 1984 年专利法,因而应承担实际实施其专利的义务。这里的所谓实施,依照 1984 年《专利法》第 51 条,是指在中国境内实际制造专利产品、使用专利方法或者许可他人在中国制造其专利产品、使用其专利方法。单纯的使用、销售或进口专利产品或专利方法获得的产品不属于实际实施。

(3) 缴纳年费的义务。专利权人应当自被授予专利权的当年开始缴纳年费,专利年费的主要作用在于：可直接用于专利局的日常管理和服务所需要的费用；促进专利权人尽早地放弃展览权,将其技术进行推广应用,以有利于控制有效专利的数量和质量。

二、专利权的限制

(一) 不视为侵权的行为

有下列情形之一的,不视为侵犯专利权:

(1) 专利权人制造、进口或者经专利权人许可而制造、进口的专利产品或者依照专利方法直接获得的产品售出后,使用、许诺销售或者销售该产品的。

(2) 在专利申请日前已经制造相同产品、使用相同方法或者已经做好制造、使用的必要准备,并且仅在原有范围内继续制造、使用的。

(3) 临时通过中国领陆、领水、领空的外国运输工具,依照其所属国同中国签订的协议或者共同参加的国际条约,或者依照互惠原则,为运输工具自身需要而在其装置和设备中使用有关专利的。

(4) 专为科学研究和实验而使用有关专利的。

为生产经营目的使用或者销售不知道是未经专利权人许可而制造并售出的专利产品或者依照专利方法直接获得的产品,能证明其产品合法来源的,不承担赔偿责任。

(二) 专利实施的强制许可

所谓强制许可,是指国家主管专利机关不经专利权人同意,通过行政申请程序直接允许申请者实施专利,并向其颁发实施该专利的强制许可。我国现行《专利法》对强制许可进行了规定。根据《专利法》的规定,强制许可主要有三种情况:

(1) 具有实施条件的单位以合理的条件请求发明或者实用新型专利权人许可使用其专利,而未能在合理长的时间内获得这种许可时,专利局根据该单位的申请,可以给予实施该发明专利或者实用新型专利的强制许可。

(2) 在国家出现紧急状态或者非常情况时,或者为了公共利益的目的,专利局可以给予实施发明专利或者实用新型专利的强制许可。

(3) 如果一项取得专利权的发明或者实用新型比以前已经取得专利权的发明或实用新型的专利在技术上先进,其实施又有赖于前一发明或者实用新型的实施,专利局根据后一专利权人的申请,可以给予实施前一发明或者实用新型强制许可。此时,专利局根据前一专利权人的申请,也可以给予实施后一发明或者实用新型的强制许可。

为了保护专利权人的合法利益,《专利法》对专利实施的强制许可规定了一系列严格的条件,国家知识产权局也发布了《专利实施强制许可办法》。

（三）专利推广制度

国有企业事业单位的发明专利，对国家利益或者公共利益具有重大意义的，国务院有关主管部门和省、自治区、直辖市人民政府报经国务院批准，可以决定在批准的范围内推广应用，允许指定的单位实施，由实施单位按照国家规定向专利权人支付使用费。

集体所有制单位和个人的发明专利，对国家利益或者公共利益具有重大意义，需要推广应用的，参照前款规定办理。

三、专利权的保护期、终止和无效

1. 专利权的保护期

我国现行《专利法》规定，发明专利权的保护期限为20年，自专利申请之日起计算，实用新型和外观设计专利权的保护期限为10年，自申请之日计算。

2. 专利权的终止

专利权在期限届满时正常终止。在现实生活中，常常是因为出现下列情况而终止：专利权人没有按规定缴纳年费，或者专利权人书面声明放弃其专利权，或者专利权人死亡或破产后无继承人，等等。

3. 专利的无效

自国务院专利行政部门公告授予专利权之日起，任何单位或者个人认为该专利权的授予不符合本法有关规定的，可以请求专利复审委员会宣告该专利权无效。专利复审委员会对宣告专利权无效的请求应当及时审查和做出决定，并通知请求人和专利权人。宣告专利权无效的决定，由国务院专利行政部门登记和公告。

对专利复审委员会宣告专利权无效或者维持专利权的决定不服的，可以自收到通知之日起三个月内向人民法院起诉。人民法院应当通知无效宣告请求程序的对方当事人作为第三人参加诉讼。

宣告无效的专利权视为自始即不存在。

四、专利权的保护

（一）权利范围

发明或者实用新型专利权的保护范围以其权利要求内容为准，因为权利要求书是记载专利技术特征和确认保护范围的法律文件，说明书及附图只不过是解释权利要求的内容。

外观设计专利权的保护范围以表示在图片或者照片中的该外观设计专利产品为准，必要时还可以附"简要说明"，用来说明图片或照片中无法说明的问题。

(二) 专利权的行政保护

我国《专利法》第57条规定："未经专利权人许可，实施其专利，即侵犯其专利权，由当事人协商解决；不愿协商或协商不成的，专利权人或者利害关系人可以直接向人民法院起诉，也可以请求管理专利工作的部门处理。""专利管理工作部门处理时，认为侵权行为成立的，可以责令侵权人立即停止侵权行为"；"进行处理的管理专利工作部门应当事人的请求，可以就侵犯专利权的赔偿数额进行调解。"这是对专利权进行行政保护的依据。

根据《实施细则》第79条规定，管理专利工作的部门应当事人请求，还可以对下列专利纠纷进行调解：①专利申请权和专利权归属纠纷；②发明人、设计人资格纠纷；③职务发明的发明人、设计人的奖励和报酬纠纷；④在发明专利申请公布后专利权授予前使用发明而未支付适当费用的纠纷。对于第④项所列的纠纷，专利权人请求管理专利工作的部门调解，应当在专利权被授予之后提出。

(三) 专利权行政诉讼保护

专利权的行政诉讼保护，是通过行政诉讼程序对专利权的一种保护。这种行政诉讼保护，主要是当专利权遭到专利复审委员会或者专利局不合法的侵犯时，专利权人可以通过行政诉讼程序请求法院保护。根据《专利法》的规定，专利权的行政诉讼保护，主要针对以下几种情况：

(1) 专利申请人对国务院专利行政部门驳回申请的决定不服的，可以自收到通知之日起三个月内，向专利复审委员会请求复审。对专利复审委员会的复审决定不服的，可以自收到通知之日起三个月内向人民法院起诉。

(2) 专利复审委员会对宣告专利权无效的请求应当及时审查和做出决定，并通知请求人和专利权人。对专利复审委员会宣告专利权无效或者维持专利权的决定不服的，可以自收到通知之日起三个月内向人民法院起诉。人民法院应当通知无效宣告请求程序的对方当事人作为第三人参加诉讼。

(3) 专利权人对国务院专利行政部门关于实施强制许可的决定不服的，专利权人和取得实施强制许可的单位或者个人对国务院专利行政部门关于实施强制许可的使用费的裁决不服的，可以自收到通知之日起三个月内向人民法院起诉。

(4) 管理专利工作的部门处理专利侵权事件时，当事人不服的，可以自收到处理通知之日起 15 日内向人民法院起诉；侵权人期满不起诉又不停止侵权行为的，管理专利工作的部门可以申请人民法院强制执行。

（5）管理专利工作的部门应当事人的请求，可以就侵犯专利权的赔偿数额进行调解；调解不成的，当事人可以向人民法院起诉。

（四）专利权的民事保护

一般情况下，侵犯专利权的行为都是民事侵权行为，通过民事诉讼程序来保护，当事人可以依照《中华人民共和国民事诉讼法》向人民法院提起民事诉讼，由法院根据事实来做出裁决。

人民法院可以根据不同情况，采用以下措施来保护专利权：①责令侵权人停止侵权行为；②赔偿损失；③没收财产；④消除影响。

（五）专利权的刑法保护

2000 年的《专利法》规定了"假冒他人专利，其情节构成犯罪的，可依法追究刑事责任"。1997 年新修订的《中华人民共和国刑法》第二编第三章第七节"侵犯知识产权罪"第 216 条规定，假冒他人专利，情节严重的，处三年以下有期徒刑或者拘役，并处或者单处罚金。单位犯此罪的，对单位判处罚金，追究直接领导和责任人的责任，并按有关规定进行处罚。

分析与思考

1. 什么是专利权、专利权主体和客体？
2. 授予专利权的积极条件是什么？
3. 授予专利权的消极条件是什么？
4. 专利申请的基本原则是什么？
5. 专利权的基本内容是什么？
6. 不能视为专利侵权的行为有哪些？
7. 在什么情况下可实施"专利强制许可"？
8. 专利权保护的权利范围是什么？

案　例

[案例1]　专利无效

深圳比某迪公司反诉索某公司专利无效案

〖案情介绍〗

20世纪90年代初，充电电池市场几乎是日本厂商的天下，三洋、索某、东芝、松下等制造商占据着全球近90%的市场。然而中国近几年来锂离子电池产业化有了长足的进步，深圳比某迪公司自1995年成立并开始涉足电池生产以来，在短短数年里迅速崛起。凭借巨大的成本优势，比某迪先后拿下台湾大霸、日本Nikko、飞利浦、伟易达、V-tech等厂商的大额订单。而近两年与摩托罗拉、诺基亚、爱立信以及国内新兴的波导、TCL、康佳等手机厂商的合作更使得比某迪一跃成为与三洋、索某比肩的全球第二大电池供应商，在短短数年一改日本厂商独霸市场的格局。然而，当两年前比某迪开始超越索某欲成为全球第二大二次电池生产商时，索某选择了专利诉讼，以期阻止比某迪在国际市场的壮大和发展。

2003年7月8日，日本索某公司在事先没有进行任何谈判的情况下，一纸诉状将比某迪告到了东京地方法院，指控比某迪在2001年、2002年在日本CEATEC展览会上展出的两款锂离子电池侵犯了其两项日本专利权，要求禁止比某迪两款锂离子电池在日本销售。这两项专利权都是其1988年申请的，一项是"电池内部按平均容量设计一定空隙"的专利，另一项是"电池正负极涂敷物质的厚度及其比例"的专利。索某认为，上述两项专利是锂离子充电电池的基本专利。而这两项专利涉及比某迪公司的两项核心业务。比某迪公司接到起诉后，沉着冷静，积极寻找具有丰富经验的律师，在搜集了大量证据之后，于2004年3月19日向日本专利许可厅申请宣告索某公司该两项专利无效。

〖处理〗

比某迪公司反诉索某公司专利无效的请求获得日本专利许可厅、东京知识产权高等法院的支持，日本专利许可厅在经过长时间的审理后宣告索某公司该两项专利无效；2005年10月7日，日本东京知识产权高等法院维持了日本专利许可厅的决定。12月2日，索某公司只好无奈地撤回了所有对比某迪公司的起诉。

〖法理分析要点〗

1. 中国公司为什么能在日本国维护自己的专利权？
2. 专利无效的基本条件有哪些？

[案例2]　专利技术的"创造性"

深圳节能饮水机维权案

〖案情介绍〗

20世纪90年代末,在一家大型家电企业当了10年工程师的巫某权,从自己刚上学不久的女儿身上发现了一个问题:学生天性好玩好动,可在玩得大汗淋漓时,想喝水却找不到合适的水喝;当时的学校只有开水器,而开水器的水自始至终是高温的,等水冷却下来学生又要上课了,没有时间喝水。这一问题启发了一直从事热交换技术开发的巫某权:能不能将开水器技术改进呢?这时刚好自己所在单位改制,他干脆辞职,一门心思搞起了技术开发。

巫某权经过多次实验,终于将自己的想法变成现实,成功开发了可以长期提供温度在30~40℃的温开水的节能型饮水机,经与传统的开水器对比,这一新产品不但可以将开水温度降低并保持到常温状态,而且能充分利用热能量,将能耗指标降低了80%。之后,巫某权又反复试验,将产品改进、定型,开发出了第一代、第二代、第三代节能饮水机。

市场的反应和巫某权最初的想法一样,这一被赋予"温开水"理念,又能节能80%的节能饮水机一经推出,便取得了良好效应。产品先是在公司所在地佛山推开,随后,广州、深圳、东莞等珠江三角洲地区的学校和工厂也纷纷采用了巫某权的节能饮水机。几年来,节能饮水机取得了累计销售1万多台、销售额超过3000万元的佳绩。

作为科研人员出身的巫某权十分懂得用知识产权制度来保护自己,几年来,他一方面将销售利润投入到技术开发中,几年共投资200多万元,成功开发出第二代、第三代节能饮水机;另一方面,他又不断地将新的技术申请专利,从2002年至今,他已经成功申请了国家专利20多项,17项得到授权,其中仅2006年就申请了11项专利,其中包括两项发明专利。这众多的专利,牢牢地奠定了他在节能饮水机方面的技术优势地位。

但事情总不能一帆风顺,由于自己是白手起家,又要将销售利润用于技术开发,碧某公司没有办法给员工很高的待遇。在巨大的市场空间和利益诱惑下,碧某公司的一些技术人员和销售骨干纷纷离职,自己开办企业,生产同样的产品,以低价直接跟"老东家"竞争。

由于竞争对手来自自己企业,对技术、销售渠道知根知底,其结果可想而知。刚处于起步阶段的碧某公司在市场培育阶段就陷入恶性竞争的困局,在产品价格一路下滑、原材料又不断涨价的夹击下,面临生存危机。

2006年5月,忍无可忍的巫某权拿起法律武器,开始了自己的维权之路。一纸诉状将离职员工赵某及其开办的金某涞饮水设备厂告上佛山市中级人民法院，提出要求赔偿经济20万元等诉讼请求。

2006年7月18日，赵某以涉案专利没有创造性为由，向国家知识产权局专利复审委员会提出无效宣告请求，并要求佛山市中级人民法院中止审理。

〖处理〗

2006年8月15日，佛山市中级人民法院经审查认为，本案不具备中止审理的条件，于是开庭对此案进行审理。法院认为，被控产品与原告专利相比，虽然被告对技术进行了些许改动，但只是简单的替换，其主要技术方案与原告一致，已经落入原告专利权的保护范围。法院同时认为被告的证据难以证明原告在申请日前已经实施了本案专利，其称专利丧失了新颖性的辩护意见不予采纳。2006年12月，佛山市中级人民法院做出被告赵某立即停止侵权行为、赔偿经济损失12万元的一审判决。

2007年5月28日，国家知识产权局专利复审委员会做出了维持专利权有效的审查决定。

〖法理分析要点〗

1. 如何认定专利技术的"创造性与新颖性"？
2. 企业应该怎样保护自己的专利？

[案例3] 专利优先权

一个"专利优先权"非讼案例

〖案情介绍〗

中国某研究所经过两年多的努力，1992年10月研制出一种名为"轻松健身仪"的技术成果。这种健身仪与其他的健身仪不同，它能够使人们在家中休息时就可健身，特别适合于长期伏案就读的学者。

该研究所了解到美国某大学也一直在研究该项技术，但是据说还没有研制出来，陶醉在成功喜悦中的研究所一直不急于申请专利，直到1993年5月7日才向中国专利局提交专利申请。

两个月后，美国某大学也于1993年7月12日向中国专利局提交了一份名为"防疲劳健身仪"的发明专利申请。该健身仪与某研究所的健身仪无论是在具体结构、技术处理上，还是在技术效果上都是相同的，想到申请在先，某研究所暗暗为自己的"抢先一步"感到高兴。

谁知，美国某大学在提交专利申请的同时，还提交了要求优先权的书面声明，并于1993年10月5日向中国专利局提交了第一次在美国提出的专利申请文件的副本，该副本表明美国某大学已于 1993 年 4 月 12 日就相同主题在美国提出了专利申请。

1994 年 6 月 21 日,中国专利局依法授予该大学"防疲劳健身仪"发明专利权。眼睁睁看着美国某大学捧走了"防疲劳健身仪"发明专利权,中国某研究所后悔不已。

〖法理分析要点〗

1. 专利权保护中的"优先权原则"。
2. 专利的申请在先和优先权的区别。

第五章 商标权

第一节 商标权及其主体

商标权是商标所有人依法对其商标所享有的专有使用权,即对其商标充分支配和完全使用的权利。我国和世界绝大多数国家一样,对商标权的取得实行注册在先的原则。

一、《商标法》的基本原则

(一)注册原则

世界各国商标制度,对商标专用权的生效或有效,主要是采用"注册原则"和"使用原则"两种不同的制度。所谓"注册原则",即商标专用权经过注册取得。无论商标是否经申请人使用,只要符合《商标法》的规定,经主管商标注册的部门注册,申请人便取得了该商标的专用权,受法律保护。中国《商标法》第3条规定:"经商标局核准注册的商标为注册商标,包括商品商标、服务商标和集体商标、证明商标;商标注册人享有商标专用权,受法律保护。"

目前多数国家采用注册原则。但有的国家在采用注册制的同时,也照顾先使用人的权利。有些国家和地区则采用"使用原则",商标因使用而产生权利,商标专用权归先使用人。

(二)申请在先原则

我国《商标法》规定:"两个或者两个以上的申请人,在同一种商品或者类似的商品上,以相同或近似的商标申请注册的,初步审定并公告申请在先的商标";"同一天申请的,初步审定并公告使用在先的商标,驳回其他人的申请,不予公告。"这一原则称为申请在先原则。

采用申请在先原则时,往往容易出现商标被别人抢先注册的情况。为应对抢先注册,企业应及时将设计商标申请注册;另一种情况是如果自己是驰名商标,则可依据

《巴黎公约》，申请撤销抢先注册的商标。与使用原则相适应，有的国家采用使用在先原则，即谁先使用，谁便可以获得权利。

（三）审查原则

对于一个商标注册申请能否准予注册，在国际上采用的原则有两种：一种是审查原则；另一种是不审查原则。审查原则是商标局在确认商标专用权之前，必须对每一件商标注册申请，依照法定的形式审查和实质审查程序进行审查。对符合注册条件的，方予注册。不审查原则只看申请人的商标注册手续是否齐备，不经过实质审查便予以注册。一旦发生纠纷，则由法院判决。该原则在商标观念非常强的国家才可行。我国的《商标法》规定商标注册采用审查原则。

（四）自愿注册原则

我国《商标法》第4条规定：自然人、法人或者其他组织对其生产、制造、加工、拣选或者经销的商品，需要取得商标专用权的，应当向商标局申请商品商标注册。对于是否需要取得商标专用权，由商标使用人决定；如果不需要取得专用权，可以不注册，未注册的商标允许使用。这就是所谓的"自愿注册原则"。

我国从1957年至1983年一直实行全面强制注册原则。企业所有应当使用商标的商品，都必须使用商标，所有的商标都必须注册。1983年《商标法》修订之后，我国采用自愿注册原则，对仅取得商标专用权的商标进行保护，同时对少数特殊商品实行强制注册。

（五）关于国民待遇原则

国民待遇是根据《巴黎公约》所确立的国际工业产权保护制度的一项重要原则，也是体现国际保护的一项根本性原则。国民待遇对于外国国民的工业产权给予非歧视性的保护，这种保护是不要求对等的。例如，甲成员国的商标注册有效期为20年，乙成员国为10年，两国国民相互在对方国家注册商标，则按注册国的规定办理，甲国不能以提供20年的有效保护期为由而要求乙国也向甲国国民提供20年的有效期保护。

我国《商标法》第17条规定，外国人或外国企业在中国申请商标注册的，应按其所属国和中华人民共和国签订的协议或者共同参加的国际公约办理，或者按对等原则处理。我国已于1985年正式成为《巴黎公约》的成员国，国民待遇原则是我国应遵守的原则之一。

二、商标权的主体

商标权的主体，即注册商标的所有人。符合商标注册申请人资格者，经法定程序取得商标注册证，即成为商标权的原始主体。注册商标的转让经核准后，受让人即成为商标权的继受主体；原商标权人为自然人的，在其死亡之后，由其合法继承人作为商标权的继受主体。具体而言，商标权的主体有下列几类：

1. 自然人

《商标法》第4条规定，自然人对其生产、制造、加工、拣选或者经销的商品，以及对其提供的服务项目，都可以以业主的名义申请商标注册，取得商标权。但必须依法向商标局申请商标注册。

2. 中国法人和其他组织

这是指中国的企业和事业法人或其他组织，它包括国有企业、集体所有制企业、私营企业、外资企业、中外合资经营企业及各种事业单位等。企业应就其经营范围的商品申请商标注册，事业单位必须具有法人资格方可申请商标注册。

3. 外国人

商标法所称外国人主要是指外国公司。在中国境内依法设立的外资企业、合资企业是中国法人，不按外国人对待。如有外国人或外国企业在中国申请商标注册的，应当按其所属国与中国签订的协议或者共同参加的国际条约办理，或按对等原则办理；并且办理相关事宜时，应当委托国家认可的具有商标代理资格的组织代理。

4. 商标权继承人

原商标权人为自然人的，其死亡之后，按照《继承法》的规定，商标权由其合法的继承人继承。继承人应当向商标局申请办理商标注册人名义变更手续，取得商标权的新商标权人应当保证使用注册商标的商品质量。外国个人的商标权也得以继承。

第二节　商标注册

商标注册是指商标所有人为了取得商标专用权，将其使用的商标依照法律规定的注册条件、原则和程序，向商标局提出注册申请，商标局经过审核，准予注册的法律制度。在我国，商标注册是确定商标专用权的法律依据，只有经过注册的商标，才能得到法律的保护。

一、商标注册的条件

商标注册的条件可以分为积极条件和消极条件。

（一）积极条件

这是获准注册的商标所应具备的条件。它包括两方面的内容：

第一，商标应由法定的构成要素组成。我国《商标法》规定的商标的构成要素包括：文字、图形、字母、数字、三维标志和颜色组合及上述要素的组合。

第二，商标应具有能使人据此识别出不同的商品的特征，并不得与他人在先取得的合法权利相冲突。商标具有显著特征是商标获得保护的基本条件，我国商标法上对商标的显著性的要求大致对应于专利法上对发明创造的新颖性的要求以及著作权法上对作品的原创性的要求。

（二）消极条件

这是指申请注册的商标被禁止注册的情况。各国商标法都对此有明确的规定，我国《商标法》及其实施细则中也明文规定了各种禁止注册的情形。《商标法》第 10 条规定，商标禁止使用以下标志：

（1）同中华人民共和国的国家名称、国旗、国徽、军旗、勋章相同或者近似的，以及同中央国家机关所在地特定地点的名称或者标志性建筑物的名称、图形相同的。

（2）同外国的国家名称、国旗、国徽、军旗相同或者近似的，但该国政府同意的除外。

（3）同政府间国际组织的名称、旗帜、徽记相同或者近似的，但经该组织同意或者不易误导公众的除外。

（4）与表明实施控制、予以保证的官方标志、检验印记相同或者近似的，但经授权的除外。

（5）同"红十字"、"红新月"的名称、标志相同或者近似的。

（6）带有民族歧视性的。

（7）夸大宣传并带有欺骗性的。

（8）有害于社会主义道德风尚或者其他不良影响的。

以上各项是绝对禁止注册的理由，《商标法》还规定了相对禁止注册的理由：

（1）仅有本商品的通用名称、图形、型号的。

（2）仅仅直接表示商品的质量、主要原料、功能、用途、重量、数量及其他特点的。

(3) 缺乏显著特征的。

(三) 驰名商标

《商标法》第 13 条规定，就相同或者类似商品申请注册的商标是复制、模仿或者翻译他人未在中国注册的驰名商标，容易导致混淆的，不予注册并禁止使用。就不相同或者不类似商品申请注册的商标是复制、模仿或者翻译他人已经在中国注册的驰名商标，误导公众，致使该驰名商标注册人的利益可能受到损害的，不予注册并禁止使用。

《商标法》第 14 条规定，认定驰名商标应当考虑下列因素：① 相关公众对该商标的知晓程度；② 该商标使用的持续时间；③ 该商标的任何宣传工作的持续时间、程度和地理范围；④ 该商标作为驰名商标受保护的记录；⑤ 该商标驰名的其他因素。

二、商标注册的申请和审核

(一) 关于优先权原则

《巴黎公约》规定了成员国国民在成员国之间的商标注册申请的优先权问题。根据公约的规定，优先权是指任何一个公约成员国国民，自其第一次提出商标注册申请之日起 6 个月内，在相同商品或服务范围内以相同的商标向其他成员国申请商标注册时，则其后一个商标注册申请日以第一次商标注册申请日为申请日。超过期限，优先权自动丧失。在这一期限内，原申请人享有申请标识的优先注册权，其他类似的或相同的申请注册标识将被驳回。这是《巴黎公约》所提供给成员国之间的工业产权国际保护的重要原则之一。

我国是《巴黎公约》成员国，在保护成员国国民的优先权的同时，也享有相应的被保护的权利。根据我国《商标法实施条例》及国家工商行政管理局的有关规定，如果申请人要求优先权，应当在其提交商标注册申请时向商标局提出书面的优先权声明，并且，自提出该申请之日起 3 个月内提交第一次申请该商标注册时的文件副本；未提出书面声明或逾期未提交第一次申请该商标注册时的文件副本，被视为未要求优先权。

(二) 商标注册的申请

商标注册申请是取得商标专用权的先决条件，是国家商标局审核商标专用权的基本前提。《商标法》规定了商标注册首次申请、重新申请、变更申请三种申请形式，各种申请形式的手续有所不同。

1. 首次申请

申请人在首次申请时应当提交申请书、商标图样、证明文件和申请费。

申请书中应列明申请人的基本情况,作为申请人的资格证明或身份证明。如委托代理的,应说明代理机构。

申请商标注册,应当按照公布的商品和服务分类表按类申请。商品名称或者服务项目应当按照商品和服务分类表填写;商品名称或者服务项目未列入商品和服务分类表的,应当附送对该商品或者服务的说明。

每一件商标注册申请应当向商标局提交《商标注册申请书》1份、商标图样5份;指定颜色的,并应当提交着色图样5份、黑白稿1份。商标图样必须清晰、便于粘贴,用光洁耐用的纸张印制或者用照片代替,长或宽应当不大于10厘米,不小于5厘米。

以三维标志申请注册商标的,应当在申请书中予以声明,并提交能够确定三维形状的图样。以颜色组合申请注册商标的,应当在申请书中予以声明,并提交文字说明。商标为外文或者包含外文的,应当说明含义。

申请注册集体商标、证明商标的,应当在申请书中予以声明,并提交主体资格证明文件和使用管理规则。申请商标注册的,申请人应当提交能够证明其身份的有效证件的复印件。商标注册申请人的名义应当与所提交的证件相一致。共同申请注册同一商标的,应当在申请书中指定一个代表人;没有指定代表人的,以申请书中顺序排列的第一人为代表人。

关于证明文件。申请人必要时应当提交营业执照副本,便于核定商标申请人的名义、章戳和经营范围;商标名称未列入商品分类表的,应附送商品功能、用途、主要原材料和制造方法的详细说明,便于商标局确定商品类别。必要时申请人还应当附送商标设计说明书,便于商标局审定商标的显著性和新颖性。外国申请人要求优先权的,应提交有关证明文件。

《商标法实施条例》第58条规定,申请商标注册或者办理其他商标事宜,应当缴纳费用。

2. 重新申请

重新申请商标注册,主要有两种情形。一是根据《商标法》第21条规定,注册商标需要在同一类的其他商品上使用的,应当另行提出注册申请。所谓同一类的其他商品,是指注册商标已经核定使用的商品以外的商品。它们与核定使用商品属于同一个类别,但未经注册,因而就有可能与他人已注册或者审定的商标产生权利冲突,所以应当另案申请。二是根据《商标法》第22条规定,注册商标需要改变其标志的,应当重新提出注册申请。目前的情况是第一种类型的改变较多。因此,尽管中国没有明文规定"联合商标",但实际上由此而能产生"联合商标"。注册商标的文字、图形改变后,需要取得商标专用权的仍要作为另一个新商标,重新申请注册。

3. 变更申请

《商标法》第 23 条规定,注册商标需要变更注册人的名义、地址或者其他的注册事项的,应当提出变更申请。由于商标权人被兼并、转产、迁移或其他原因其名称或地址发生了变化,由于商标权人死亡,商标权因继承发生转移,就会发生商标使用人的名称或者姓名、地址等注册事项的变化,原商标权人或者商标权继承人就应当办理变更手续。但是,因商标权的转让而导致的上述变化不应视为注册商标的变更。

(三) 商标注册的审查

商标使用人向国家商标注册机关提出注册申请,并不意味着当然能够取得商标权。商标注册机关要对申请注册的商标进行审查,对经审查符合法律规定的商标,依法核准注册,对不符合法律规定的商标,依法予以驳回。

1. 形式审查

商标审查包括形式审查和实质审查。形式审查主要审查商标注册的申请是否具备法定的条件和手续,从而确定对该申请是否受理。如果申请没有完全满足形式要求,则申请人可依补正程序在规定的期限内对其申请予以补正。

2. 实质审查

实质审查主要是对申请注册的商标的文字、图形的涵义及客观效果等进行审查。实质审查的内容主要包括:商标的构成要素是否符合法律的规定,商标是否与他人在同一种商品或者类似商品上已注册或申请注册的商标相同或近似。如果商标经审查,其构成要素没有违反法律,也没有与其他在同种或类似商品上已注册或申请注册的商标相同或近似,应初步审定,予以公告,否则驳回申请,不予公告。

3. 初步审定和公告

初步审定是对经过实质审查符合条件的商标注册申请作出核准的审定。初步审定的商标须经公告程序,在《商标公告》上公之于众,这次公告称为初步审定公告。

4. 商标的异议

这是对初步审定并公告的商标依法提出反对意见,要求经审定并已公告的商标无效的程序。

提出异议的人,可以是公告商标的利害关系人。假如其认为初步审定并公告的商标与自己已经注册或审定公告在先的商标相同或近似并用于同种或类似商品之上,为维护自己的商标权,可以要求商标注册机关撤销这一初步审定并公告的商标。再则,异议人还可以是认为初步审定并公告的商标违反法律而要求商标注册机关依法撤销该商标的任何单位和个人。商标异议应在初步审定公告之日起 3 个月内提出。

对商标异议的复审,是指当事人的任何一方在收到异议裁定后,如对该裁定不服,在法定期间内向商标复审机构提出重新复查审议的程序。按照《商标法》的规定,受理复审的机构是设在商标注册机关内的商标评审委员会。提出复审的期间,是在当事人收到异议裁定书之日起15日以内。

当事人对商标评审委员会的决定不服的,可以自收到通知之日起30日内向人民法院起诉。

评审委员会在听取当事人各方意见后,经过复查审议,即可作出某商标可否核准注册的裁定。该裁定是终局裁定,当事人不能再提起复审,也不能向法院起诉。

(四) 商标注册申请的核准

从商标的初步审定到核准注册,要经过两次公告,即初步审定公告和注册公告。这两次公告的作用和后果是不同的。

初步审定公告,是将初步审定的商标公之于众,征询社会的意见,任何组织和个人认为公告的商标侵犯他人权益或违反法律规定,均可在法定期限内提出异议。商标注册机关对有异议的商标进行复审。只有无人提出异议,或异议经裁定不能成立时,初步审定的商标才可以被核准注册。被核准注册的商标还要被再次公告,此为注册公告。注册公告是将注册商标的法律效力公之于众,便于对商标使用权的有效保护,而并不是再次征询社会意见。

对于核准注册的商标,商标注册机关发给商标注册申请人"商标注册证"。"商标注册证"是商标成为注册商标的标志,也是商标注册申请人依法取得商标权的证明。

(五) 外国商标在中国申请注册

《商标法》对外国商标在中国申请注册作了一些特殊规定。根据商标法的规定,外国商标在中国申请注册,应按双方国家签订的协议或共同参加的国际条约办理,或者按对等原则办理。中国已正式加入了《巴黎公约》,这就意味着外国公民或外国企业在中国申请商标注册时,对与中国有商标注册互惠协议的,或参加了《巴黎公约》的国家,按协议或公约的规定给予注册。对于既没有协议也没有参加《巴黎公约》的国家,中国采取的是对等原则。中国不首先要求申请人提交本国注册证件,也不要求申请人所属国与中国有外交关系。

依《巴黎公约》第4条规定,公约成员国公民或企业向任何《巴黎公约》成员国中的首次申请日将作为审查商标的申请日,享有优先权。但在首次申请日以后,超过6个月又提出申请的,申请人的优先权将丧失。申请人要求优先权的,应当提交首次申请的国家其商标注册机构提供的商标注册申请以及申请日期的证明。作为《巴黎公约》

成员国之一，其他成员国商标注册申请人的优先权在中国自然也受到认可和保护。

（六）我国商标在国外的注册

随着我国商品经济和对外贸易的发展，我国商标在国外注册具有十分重要的意义。办理商标国外注册，首先要正确选择注册方式。对于商品销往国家比较单一的，可选择逐一国家注册，这种方式的优点是针对性强，可在各国逐一办理。对于商品销往多国的，可选择商标的国际注册，即按照《商标国际注册马德里协定》的规定，缔约国的任何申请人，先在其所属国办理了某一商标注册后，再将该商标向世界知识产权组织国际局提出申请，要求在有关缔约国注册，国际局将该申请通知有关缔约国1年以后，该商标就被视为是这些缔约国的注册商标。这种方式的优点是手续简单，省时省费用。也可委托我国贸促会驻港澳商务机构和驻外使馆商务处办理。一般办理商标国际注册要准备好下列文件：申请书、国籍证明书、代理委托书、商标图样、本国商标注册证复印件等，并准备好代理费、商标注册费等有关费用。

第三节 注册商标的管理与保护

我国《商标法》明确指出商标法的某旨是：加强商标管理，保护商标专用权，促进生产、经营者保证商品和服务质量，维护商标信誉，以保障消费者的权益，促进社会主义商品经济的发展。

一、商标专用权的内容

商标专用权是受国家法律保护的权利，不许任何人侵犯，这是世界各国商标法所通用的原则。商标专用权包括以下内容：

（一）独占使用权

这是指商标专用权人在其注册商标所核准的范围内有完全独占使用其商标的权利。也就是说，即使是他人有同自己的注册商标相同或近似的商标，而且用在与自己商标指定的相同或近似商品上时，也是无效的，因为法律只保护商标专用权人的权利。因此，尽管企业有权使用未注册商标（法律规定某些商品必须使用注册商标的除外），但是这种使用权是不完整、不充分的，一旦它的未注册商标与一项注册商标相同或相近似，并都用在相同或类似的商品上时，它就无权再使用其未注册的商标了。当然，商标的独占使用权也不是毫无限制的，它也要受到法律的制约。《商标法》第 51 条规定："注册商标的专用权，以核准注册的商标和核定使用的商品为限。"

(二) 禁止权

这是指商标专用权人有权禁止他人不经过自己的许可而使用其注册商标的权利。这是因为商标专用权人在享有独占使用自己注册商标权利的同时，还享有排除和禁止其他任何人在自己注册商标范围内使用其商标的权利。从一定意义上讲，禁止权效力的范围要比使用权的范围宽。注册商标所有人，不仅有权禁止他人在完全相同的商品上使用相同或相近的商标，而且有权禁止他人在类似商品上使用相同或相近的商标。对于侵犯商标专用权的行为，商标所有人可依照《商标法》的规定，向商标主管部门或司法机关，要求停止侵权行为，赔偿经济损失，直至追究其刑事责任。

(三) 许可权

这是指商标权人根据法律的规定，有许可他人使用其注册商标的权利。商标权人有权自己使用其注册商标，也有权许可他人使用该注册商标，这是商标权人对其注册商标予以利用的重要表现。注册商标的许可使用权是商标权的一项重要内容，许可使用后，许可人并不丧失商标权，被许可人只取得使用权。

注册商标的许可使用主要有三种形式：

一是独占许可，即商标权人允许他人使用其注册商标，许可人不得再与任何第三方就同一注册商标签订许可合同，并且许可人自己也不得使用该商标。

二是排他许可，即许可人授权被许可人在一定期限和一定地域内以及在指定的商品上独家使用其注册商标的同时，承担在该期限和该地域内在相同商品上不再许可第三人使用该注册商标的义务，但许可人自己可以使用该注册商标。

三是一般许可（或称普通许可），即许可人授权被许可人在一定期限和一定地域内以及在指定的商品上可以使用其注册商标，同时许可人自己也可以使用该注册商标，并可以授权第三人使用该注册商标。

注册商标的许可使用是通过签订合同来实现的。商标许可使用合同又称商标许可证。商标许可证可以是单一商标许可证，也可以是包含技术许可等其他内容的混合许可证。商标许可使用合同应当包括以下主要条款：①双方当事人的名称、地址；②许可使用的商标名称、注册证号码；③许可使用注册商标的商品范围；④许可使用注册商标的期限；⑤许可人监督商品质量和被许可人对保证商品质量的措施；⑥许可使用费的数额和支付方式；⑦违约责任。其中，许可使用的商标名称必须与注册商标一致，许可使用的期限不得超过注册商标的有效期限，许可使用商标的商品不得超出核定使用的范围。

同时，根据《商标法》的规定，许可人应当监督被许可人使用其注册商标的商品质量；被许可人应当保证使用该注册商标的商品质量。

（四）转让权

注册商标的转让，实质是商标专用权的转让，它是指商标人在法律允许的范围内，根据自己的意志并按一定条件，将其商标专用权转移给他人的行为。

注册商标的转让一般有两种情形：一是连同使用该注册商标的企业整体一起转让。在企业被兼并、拍卖、出售时作为财产的一部分转让注册商标，不论该商标的知名度如何。二是商标权人将其一个或者数个注册商标转让给他人，这种单独转让注册商标的做法，往往是因为该商标有了一定知名度，或者因为使用该注册商标的产品的专利权、专利申请权也已转让，受让人可以借助良好的商标声誉和技术基础在高起点上参与竞争。但有时已使用或曾使用的商标被人抢先注册后，原商标使用人不得不花巨款"买"回注册商标。

注册商标的转让必须履行法定手续。根据《商标法》第39条的规定，转让注册商标的，转让人和受让人应当签订转让协定，并共同向商标局提出申请。受让人应当保证该注册商标的商品质量，同时，受让人必须符合商标注册申请人的法定条件。经商标局核准转让后，将原《商标注册证》加注发给受让人，并予以公告。转让注册商标的，商标注册人对其在同一种或者类似商品上注册的相同或者近似的商标，必须一并办理，以免商标转让后出现客观上的侵权行为。转让药品和卷烟注册商标，受让人应当提供有关的证明文件。

此外，注册商标所有人如果已许可他人使用注册商标时，不能转让该注册商标。如要转让该注册商标，必须先与被许可人协商终止商标使用许可合同，然后转让给第三人。如受让人和原被许可人同意继续由被许可人使用注册商标的，应在转让手续办妥后另订商标使用许可合同。

（五）商标权人的义务

商标权人除了享有以上各种权利，还要承担一定的义务。

《商标法》和《实施条例》规定了商标权人和商标使用人使用注册商标、行使商标权应履行的具体义务。

（1）使用注册商标应当在商品的商标上标明"注册商标"字样或注册标记。

（2）注册商标的使用人不得自行改变注册商标的文字、图形或其组合。

（3）使用注册商标不得自行改变商标注册人的名义、地址或其他注册事项。

（4）注册商标的转让应履行法定手续。

（5）注册商标应以使用为前提。这里所谓的使用，不仅包括注册商标商品的生产和销售，而且还包括将商标用于广告宣传和展览。

（6）使用注册商标的商品必须保证其一贯的质量。

上述6项商标注册人的义务中，除第（1）项以外，若商标注册人不履行，商标管理机关可以责令其限期改正或撤销其注册商标。

二、注册商标的期限、续展和终止

（一）注册商标的期限和续展

商标使用人将其商标注册之后，便享有商标权。商标权的法律特征之一是时间性，即商标权只在一定的时间期限内得到法律保护。各国对商标权的有效期规定不一，大多数国家的期限为10年，从注册日之起计算。我国《商标法》沿用国际通行做法，规定注册商标的有限期为10年，自核准注册之日起计算。这里所谓的"核准注册之日"，与商标公告之日、《商标注册证》颁发之日是一致的。

商标注册人为了不使自己的注册商标在有效期届满后失去专用权，必须在规定期限内向商标局申请延续原注册商标的有效期，这就是注册商标的续展。《商标法》规定每次续展注册的有效期为10年。由于法律对续展次数并无限制，因此，只要能够依法将到期商标续展注册，商标权实际上就可以得到无限期的保护。

我国《商标法》还明确规定了商标续展的申请时间，即应当在注册商标有效期满前6个月内提出。在此期间未能提出申请的，可以给予6个月的宽展期；宽展期满仍未提出申请的，原注册商标将被注销。这就意味着，商标权人在商标注册有效期届满前后，有1年的时间可以申请续展注册。宽展期的规定，是为了使商标注册人不致因故丧失其来之不易的商标专用权。

（二）注册商标的终止

注册商标的终止，是指注册商标的所有人在一定情况下丧失商标权。导致终止的原因或法律事实有两种：一是注册商标的注销；二是注册商标的撤销。注销和撤销是有区别的：注销是指注册商标所有人自动放弃使用注册商标而报请注销或期满不请求继续使用注册商标而被注销；撤销是指注册商标所有人违反《商标法》的有关规定而受到行政处理，是采取强制手段终止其商标权。无论注销或撤销注册商标，商标局均应收缴《商标注册证》，并予以公告。

注册商标在下列情形下，因被商标局注销而终止：

（1）注册商标有效期届满，宽展期已过，而商标所有权人仍未提出续展申请，或者提出申请而未获核准的。

（2）注册商标所有人自愿申请放弃其商标专用权，并向商标局办理注销手续的。

（3）作为商标所有人的企业、事业法人终止或公民死亡，在法律规定的时间内无人要求享受或继承其注册商标的。

根据《商标法》第44条规定，注册商标在下列情形下，由商标局责令限期改正或者撤销其注册商标：① 自行改变注册商标的；② 自行改变注册商标的注册人名义、地址或者其他注册事项的；③ 自行转让注册商标的；④ 连续三年停止使用的。

三、注册商标的无效

从各国所规定的情况来看，注册商标无效的原因通常如下三种：①基于驳回的绝对理由，即商标本身并不具备注册条件所导致的无效；②基于在先权利的无效；③基于驰名商标条件的无效。我国现行《商标法》的规定基本上体现了上述三个方面的内容。

基于驳回的绝对理由，即商标本身并不具备注册条件所导致的无效。这是指注册商标违反商标法的有关禁用条款，将不得作为商标的标志申请注册为商标。《商标法》第10条、第28条对此作了规定。

基于在先无效，是指注册商标权人与他人的在先权利相冲突所导致的无效。根据《商标法》第31条规定，他人的在先权利主要有：①在先商标权，一旦存在在先商标权，则在后商标权将被宣告无效；②其他在先权利，通常包括姓名权、肖像权、著作权、工业品外观设计专利权以及商号权等，此外还应包括他人就其经过长期使用已经建立起商标信誉的未注册商标，尤其是驰名商标权利。属于这一类无效原因的还有未经商标权人废除，商标代理人以自己的名义将被代理人的商标进行注册。

对于无效的宣告，我国《商标法》规定了两种方式：对于涉及与在先商标权相冲突的情形，由在先商标权人提起；其他情形则既可由社会公众提起，也可由商标局依职权进行。

注册商标的无效与撤销在效力方面有很大的区别。注册商标如果被宣告无效，则其商标权被视为自始不存在，即自该商标注册之日起无效。而注册商标的撤销则只从撤销裁决公告之日起。

四、注册商标的保护

（一）保护范围

商标专用权的独占使用是有条件的，商标权人只能在法律授权的一定范围内行使其权利，若超过了这个保护范围，就会丧失商标权。规定商标专用权的目的，是为了划定一个明确的界限，以此判断侵权与否，这样既可以真正制止和制裁商标侵权行为，保护注册商标所有人的合法权益，又可以避免伤害那些合法经营、没有侵犯商标权的人。

我国《商标法》对商标权的保护范围做了如下明确的规定："注册商标的专用权，以核准注册的商标和核定使用的商品为限。"这就是说，注册商标的保护范围，可以从两个方面来限定：一是仅限制在核准注册的商标上；二是限制在核定使用的商品范围之内，不得任意改变或扩大保护的范围。

1. 必须使用核准注册的商标

注册商标所有人不能擅自改变注册商标的文字、图形或其组合，因为任何这种改变都意味着扩大商标权的保护范围，都是法律不允许的。因此，如果在商标注册后，需要对商标的设计作局部的修改，不论变化大小，均应另行提出申请，否则商标局将责令限期改正或撤销其注册商标。

若注册商标需要改变颜色的，一般也应向商标局另行提出注册申请。如果是颜色的局部变动，不影响原注册商标特征的，可以不再重新申请注册，但应该向申请商标局核准、备案。商标局将新颜色的商标图样贴在《商标注册证》上，以备检查用。

2. 注册商标必须在核定使用的商品上使用

一般地讲，一件注册商标只能使用在核定使用的一种商品上；如果商标注册后，又需要将注册商标扩大使用于同类商品中的其他商品，应按商标注册程序另行提出注册申请，否则将导致原注册商标的撤销。但是，商标专用权人有权排斥他人在同类不同种商品上使用注册商标。

同样，如果商标注册后，想要在不同类别的商品上使用同一商标，也可以再提出商标的注册申请。但是，如已有人在新申请的商品类别注册使用了该商标时，就不能再得到商标局的核准。所以，在不同类别的商品上，商标专用权人就没有排斥他人使用自己已注册商标的权利。商标专用权人若想要扩大保护范围，防止竞争对手滥用自己的商标，须同时在希望保护的商品种类上逐一申请商标注册。

3. 划定商标权范围的几种情况

我国《商标法》明确规定，注册商标专用权人有权禁止他人未经其许可而在同一种商品或者类似商品上使用与其注册商标相同或者近似的商标。这实际上包括了以下四种情况：

（1）相同商标。相同商标一般有两种情况：一是商标的名称、文字、图形完全一样；二是商标名称的读音一样，如"红美"与"虹美"。这两种情况都容易造成消费者对商品的误认、混淆。因此，不允许把相同的商标用在相同或类似的商品上。

（2）近似商标。这是指两种商标在文字、图形上基本相同或类似，即存在的差别是微小的，非本质的，例如，"海狮"与"海豹"、"长城"与"八达岭"便是近似商标。这类商标也容易造成消费者对商品的混淆，因此不允许把近似的商标使用在相同或类似的商品上。

（3）相同商品。这是指性能、用途和原料等都相同的商品，如各种香烟都视为相同的商品，以前曾有多个厂家生产"大前门"香烟，造成了消费者对商品的误购。所以，对相同的商品不能使用相同或近似的商标。

（4）类似商品。这是指不同厂家生产的两种以上用途相近的商品，如纸与墨、鞋与袜、毛巾与浴巾等，若使用相同或近似的商标，容易使消费者误认是同一厂家生产的商品。因此，不允许把相同或相近似的商标用在类似的商品上。

（二）侵犯注册商标专用权的行为

法律对商标的保护，主要通过两种途径：一是在申请注册程序上，对要求注册的商标和已经注册的商标，严格把关；二是关于商标侵权行为的规定。

根据《商标法》第 52 条、《商标法实施条例》第 50 条的规定及最高人民法院《关于审理商标民事纠纷案件适用法律若干问题的解释》第 1 条的规定，有下列情形之一即为侵犯注册商标专用权行为：

（1）未经商标注册人的许可，在同一种商品或者类似商品上使用与其注册商标相同或者近似的商标的。

（2）销售侵犯注册商标专用权的商品的。

（3）伪造、擅自制造他人注册商标标识或者销售伪造、擅自制造的注册商标标识的。

（4）未经商标注册人同意，更换其注册商标并将该更换商标的商品又投入市场的。

（5）在同一种或者类似商品上，将与他人注册商标相同或者近似的标志作为商品名称或者商品装潢使用，误导公众的。

（6）故意为侵犯他人注册商标专用权行为提供仓储、运输、邮寄、隐匿等便利条件的。

（7）将与他人注册商标相同或者相近似的文字作为企业的字号在相同或者类似商

品上突出使用，容易使相关公众产生误认的。

（8）复制、模仿、翻译他人注册的驰名商标或其主要部分在不相同或者不相类似商品上作为商标使用，误导公众，致使该驰名商标注册人的利益可能受到损害的。

（9）将与他人注册商标相同或者相近似的文字注册为域名，并且通过该域名进行相关商品交易的电子商务，容易使相关公众产生误认的。

（三）对商标侵权行为的处理

1. 行政救济

被侵权人的注册商标的合法权益人因他人的侵权而受到损失，可依照法定程序，向县级以上（包括县级）工商行政管理部门提出申请，要求及时采取有效的行政措施，制止侵权行为，并赔偿损失。根据《商标法》第55条的规定，县级以上工商行政管理部门根据已经取得的违法嫌疑证据或者举报，对涉嫌侵犯他人注册商标专用权的行为进行查处时，可以行使下列职权：

（1）询问有关当事人，调查与侵犯他人注册商标专用权有关的情况。

（2）查阅、复制当事人与侵权活动有关的合同、发票、账簿以及其他有关资料。

（3）对当事人涉嫌从事侵犯他人注册商标专用权活动的场所实施现场检查。

（4）检查与侵权活动有关的物品；对有证据证明是侵犯他人注册商标专用权的物品，可以查封或者扣押。

工商行政管理部门依法行使前款规定的职权时，当事人应当予以协助、配合，不得拒绝、阻挠。

工商行政管理部门对涉嫌侵犯他人商标专用权的行为进行查处时，有权采取如下处理措施：

（1）责令立即停止销售。

（2）收缴并销毁侵权商标标识。

（3）消除现存商品上的侵权商标。

（4）收缴直接专门用于商标侵权的模具、印版或者其他作案工具。

（5）如果采取前四项措施不足以制止侵权行为的，或者侵权利行为与商品难以分离的，责令并监督销毁侵权商品。

（6）根据《商标法实施条例》第52条的规定，对侵犯注册商标专用权的行为，罚款数额为非法经营额三倍以下；非法经营额无法计算的，罚款数额为10万元以下。

《商标法实施条例》第51条规定，对侵犯注册商标专用权的行为，任何人可以向工商行政管理部门投诉或者举报。

对工商行政管理部门的处理决定同意的，必须自动履行。当事人对于工商行政管理部门的行政处理决定不服的，可以在收到通知 15 日内，向上一级工商行政管理机关申请复议；上一级工商行政管理机关应当在收到复议申请之日起 2 个月内，做出复议决定。对复议决定不服的，当事人可以在收到复议决定通知之日起 15 天内，向人民法院起诉。如果当事人在规定期限内既不起诉，又不履行，由做出处理的工商行政管理部门申请有管辖权的法院强制执行。

2. 司法救济

（1）民事救济。侵犯商标权是一种民事侵权行为，侵权行为人须对其侵权行为承担民事责任。根据《民法通则》第 134 条，侵犯商标权应承担的民事责任主要有以下几种：停止侵害；消除影响；赔偿损失。这几种方式可以单独使用，也可以合并使用。人民法院还可以予以训诫、责令其悔过、收缴进行非法活动的财物和非法所得，并可以依照法律规定处以罚款、拘留。

（2）刑事救济。《商标法》第 59 条规定，未经商标注册人许可，在同一种商品上使用与其注册商标相同的商标，构成犯罪的，除赔偿被侵权人的损失外，依法追究刑事责任。伪造、擅自制造他人注册商标标识或者销售伪造、擅自制造的注册商标标识，构成犯罪的，除赔偿被侵权人的损失外，依法追究刑事责任。销售明知是假冒注册商标的商品，构成犯罪的，除赔偿被侵权人的损失外，依法追究刑事责任。

根据《刑法》第 213 条、第 214 条、第 215 条和《商标法》的规定，侵犯注册商标专用权的四种罪名为：

（1）假冒他人注册商标罪。行为人假冒他人注册商标，情节严重，构成犯罪的，依法追究刑事责任。

（2）销售假冒注册商标的商品罪。如果行为人销售明知是假冒注册商标的商品，销售金额数额较大，构成犯罪的，依法追究刑事责任。

（3）伪造、擅自制造他人注册商标标识罪。如果行为人伪造、擅自制造他人注册商标标识，情节严重，构成犯罪的，依法追究刑事责任。

（4）销售伪造、擅自制造的注册商标标识罪。如果行为人销售伪造、擅自制造的注册商标标识，情节严重，构成犯罪的，依法追究刑事责任。

如果单位犯以上罪行，对单位判处罚金，对其直接负责的主管人员和其他直接责任人员，依照相应的规定处罚。

分析与思考

1. 我国商标管理的基本原则是什么？
2. 商标权的主体有哪些？
3. 我国商标注册的消极条件有哪些？

4. 我国商标注册申请有哪几种形式？其要求是什么？
5. 我国商标注册申请的审查程序是什么？
6. 商标专用权包括哪些内容？
7. 我国商标保护的范围是什么？
8. 对商标侵权行为的处理有哪几种形式？

案　例

［案例 1］　商标专用权

杭州张某泉剪刀厂诉南京张某泉刀具厂侵犯注册商标专用权案

〖案情介绍〗

原告 1969 年在杭州注册设立杭州张某泉剪刀厂，1989 年获准注册"张某泉"商标，被告 1992 年在江宁县注册南京张某泉刀具厂。被告在与原告生产的相同的产品上使用"张某泉"商标，但未注册，被告同时在其产品和包装盒上打印"南京张某泉"字样及"张某泉"字样，原告发现后曾与被告交涉，被告也曾于 1992 年 9 月通知原告将终止打印"南京张某泉"字样的行为。1992 年 12 月，原告再次与被告交涉，将被告使用的"南京张某泉不粘刀"和"中国江苏南京张某泉"钢印一枚交有关部门封存。

原告诉称被告侵犯了原告的企业名称权和注册商标专有权，要求被告立即停止侵权，赔偿损失 11 万元。

被告诉称菜刀上打印"张某泉"字样是为了产品进入市场，便于消费者识别，不构成侵权为。

〖处理〗

法院判决被告南京张某泉刀具厂立即停止在其新产品菜刀及外包装上打印"张某泉"和"南京张某泉"标识的侵权行为；被告南京张某泉刀具厂赔偿原告张某泉剪刀厂经济损失 1 万元；驳回原告指控的被告侵犯其名称权的指控。

〖法理分析要点〗

1. 商标专有权的效力延及相同或类似产品的包装、装潢及产品名称。
2. 注册登记在先的企业，其名称和字号有"排他使用权"；厂商名称是工业产权的保护对象。

[案例2] 商标优先权

海某（Hisense）西某子商标案

〖案情介绍〗

既是商标又是企业名称的"海某"、"Hisense"诞生于1991年。1992年10月15日，海某办理了商标注册申请手续。1993年12月14日，通过中国商标局审查、核准注册的原创性商标"Hisense"正式面世。但是，深得中国消费者人心的"Hisense"从1999年1月11日起却成了德国博世－西某子公司的招牌。这一天该公司在德国注册了"Hisense"商标，与海某原创的"Hisense"完全一致，距离1月5日"海某"和"Hisense"获得"中国驰名商标"仅隔了6天。发现被抢注后，从2001年开始，海某就索回被抢注的商标事宜开始与博世－西某子交涉并谈判。博世－西某子从一开始就同意"转让"，只是"转让"费用高得离谱：4000万欧元，4亿多元人民币。海某无法接受。2004年10月，还在与对方谈判中的海某突然收到德国法院转来的诉状：博世－西某子反将海某告上了德国法院。无奈之下，海某远隔重洋打起了跨国官司，反诉博世－西某子，要求依法撤销其注册的"Hisense"商标。

根据《巴黎公约》的规定，商标注册国或使用国主管机关认为一项商标在该国已成为驰名商标，已经成为有权享有本公约利益的人所有，而另一商标构成对此驰名商标的复制、仿造或翻译，用于相同或类似商品上，易于造成混乱时，本同盟各国应依职权或应有关当事人的请求，拒绝或取消该另一商标的注册，并禁止使用。

海某集团一直认为，既然中国和德国均属于《巴黎公约》成员国，根据《巴黎公约》的相关保护条款，中国商标主管机关认定的具有原创性意义且有重大商业价值的驰名商标在德国同样应当受到尊重。自认为已经获得了法律保护的海某对于没有在德国进行注册并未太在意。而博世－西某子在一份声明中只是一再坚持，自己是按照国际商标法的规定在欧盟和其他一些国家注册的"Hisense"商标，是多年来用于销售高端家电产品的"Hi"系列商标之一，并非"恶意抢注"。

2004年11月，当博世－西某子家用电器集团（简称"博西"）开出4000万欧元的商标交换天价，而且将海某集团告上了德国科隆法庭的时候，海某与"博西"的谈判已经宣告破裂。2005年2月24日，海某宣布派律师远赴德国打官司，形势不断恶化。

然而进入2005年3月，海某与"博西"关系却突然出现了转机。3月6日，海某与"博西"在北京发表了联合声明。声明称，海某与"博西"在商标争议问题上最终达成了和解协议。"博西"同意将其根据当地法律在德国及欧盟等所有地区注册的"Hisense"商标以不超过50万欧元的"白菜价"将"Hisense"商标归还海某；同时撤销针对海某的商标诉讼，海某集团也撤销针对"博西"家电的所有商标注册申请。

〖法理分析要点〗
1. 商标优先权的申请。
2. 国际公约对驰名商标的保护原则。
3. 商标的"恶意抢注"。

第六章　反不正当竞争

第一节　概　　述

一、不正当竞争行为的概念和特征

竞争是市场经济的普遍现象，有市场就有竞争。但是，竞争也和世界上的任何事物一样都有两重性：一方面，它促进了经济的发展；另一方面，它又使不适应竞争者的劳动归于无效，造成社会财富的浪费。竞争者为了使自己的劳动在市场上得到交换，有可能采取各种方法和手段，进行正当的和不正当的竞争。为了保证竞争的有序化，世界各国都十分重视对不正当竞争的法律调整。

（一）不正当竞争的概念

根据《中华人民共和国反不正当竞争法》（以下简称《反不正当竞争法》）第2条第2款的规定，不正当竞争，是指经营者违反该法规定，损害其他经营者的合法权益，扰乱社会经济秩序的行为。

不正当竞争是对正当竞争行为的违反和侵害。而正当竞争，是指经营者采用符合国家法律、遵守社会公认的商业道德、信守诚实信用原则的商业手段进行竞争的行为。因此，凡是在竞争过程中，采用虚假、欺诈、损人利己的违反国家法律手段进行的竞争，都是不正当竞争行为，都会损害其他的经营者的合法权益，扰乱社会经济秩序。

（二）不正当竞争行为的构成要件

（1）不正当竞争行为的主体是市场经营者。按照反不正当竞争法的规定，只有市场经营者实施法律规定的不正当竞争行为的，才构成不正当竞争。所谓经营者，是指一切从事商品市场经营或者服务活动的公民、法人和其他组织，包括众多的企业法人，从事营利活动的事业单位法人，参与商业、服务业竞争活动的其他经济组织以及公民个人和合伙组织等。

（2）不正当竞争行为侵害的对象主要是同业经营者。不正当竞争行为通常发生在同行业经营者之间，主要是不法行为人对其同行业其他经营者权益的侵害。经营者实施不正当竞争行为有时对消费者的权益也构成损害，但消费者权益应当按照消费者权益保护法的规定进行保护，该种行为不属于反不正当竞争法调整、规范的范围。由于竞争发生在同行业企业的生产经营活动中，因此不正当竞争行为侵害的对象也同样是生产或经营同类商品的企业或提供同类服务的企业。

（3）不正当竞争行为的违法性。不正当竞争行为的违法性，主要指这种行为直接违反反不正当竞争法的具体规定。如果违反了其他法律而没有违反反不正当竞争法，则这种行为一般不属于不正当竞争行为。

（4）不正当竞争行为的危害性。实施不正当竞争行为，通常导致其他经营者权益的损害，也可能损害尚未发生但同业经营者合法权益却已受到现实的威胁；如果放任不正当竞争行为继续进行，必然会造成损害的结果。因此，不正当竞争行为的危害性包括对其他经营者权益的实际损害以及现实的侵权威胁。

（三）反不正当竞争法的概念和调整对象

反不正当竞争法的概念有广义与狭义之分。广义的反不正当竞争法是指有关反不正当竞争行为的法律、法规和立法、司法解释等法律规范的总和。即除了《反不正当竞争法》以外，还包括商标法、专利法及其实施细则，产品质量法，广告法，消费者权益保护法、制止牟取暴利的暂行规定等一切有关反不正当竞争行为的刑事、民事、行政法律、法规、立法和司法解释等。狭义的反不正当竞争法仅指《反不正当竞争法》，该法于1993年9月2日由第八届全国人民代表大会第三次会议通过，1993年12月1日施行。

反不正当竞争法，是调整国家在鼓励、保护公平竞争，制止不正当竞争过程中发生的经济关系的法律规范的总称。其调整对象是国家在鼓励、保护公平竞争，制止不正当竞争过程时发生的经济关系。其具体表现为：经营者之间因不正当竞争而发生的经济关系；经营者与其他单位和个人因不正当竞争而发生的经济关系；经营者与不正当竞争监督机关以及政府、政府所属部门之间，在监督不正当竞争行为过程中发生的经济关系。

二、反不正当竞争法的基本原则

《反不正当竞争法》规定："经营者在市场交易中，应遵循自愿、平等、公平、诚实信用的原则，遵守公认的商业道德。"这既是经营者在市场交易中应当遵循的原则，又是我国制定竞争法规、处理竞争纠纷应坚持的原则。

(1) 自愿原则。自愿原则是指参与市场交易的经营者，能独立地表达自己的真实意愿，不受任何组织和个人的强迫、限制和干涉。具体说来：第一，经营者是否参与交易活动，由经营者自行决定，不受任何人的强迫；第二，经营者与哪个交易对手以及用什么条件进行交易，经营者自己有选择权，不受任何人的限制和干涉。

(2) 平等原则。平等原则是指经营中经营者之间的法律地位平等，任何一方不得将自己的意志强加于另一方。它包括两层含义：一是参与市场交易的经营者各方，主体地位平等，各自的合法权益受到平等的法律保护，各自平等地履行法律义务；二是参与市场交易的当事人意志独立，不受他方意志的支配。

(3) 公平原则。公平原则是指经营者在市场交易时，要遵守共同的交易规则，按照同一的交易条件进行交易。具体而言，它要求在市场竞争中使用同一标准、同一尺度，机会均等，结果公平合理，反对任何一方当事人享有特权，不承认任何参与市场交易的竞争者的特权地位。

(4) 诚实信用原则。诚实信用原则是指经营者在交易过程中应当讲诚实、守信用，不得进行任何欺诈活动。经营者对交易商品的真实情况，应当如实告知对方。在与对方确立了交易关系后，应当信守承诺。

(5) 遵守公认的商业道德。公认的商业道德是指在市场经济数百年的发展过程中沉淀的，并升华为不同文化、不同民族共同确认的商业活动的道德规则。因此，它是国际的、公认的和通用的，经常以商业活动的惯例形式表现出来的。

第二节　不正当竞争行为及其法律责任

一、假冒、混淆和误导行为

假冒、混淆和误导行为，是指经营者假冒或擅自使用其他经营者的商品名称、商标、质量标志和产地标志等以使人混淆和误解的行为。它具体包括：假冒他人的注册商标；擅自使用知名商品特有的名称、包装、装潢，或者使用与知名商品近似的名称、包装、装潢；擅自使用他人的企业名称或者姓名，引人误认为是他人的商品；在商品上伪造或者冒用认证标志、名优标志等质量标志，伪造产地，对商品质量作引人误解的虚假表示。

根据《反不正当竞争法》第21条规定："经营者假冒他人的注册商标，擅自使用他人的企业名称或者姓名，伪造或者冒用认证标志、名优标志等质量标志，伪造产地，对商品质量作引人误解的虚假表示的,依照《中华人民共和国商标法》、《中华人民共和国产品质量法》的规定处罚。"

《反不正当竞争法》第 21 条还规定,擅自使用知名商品特有的名称、包装、装潢,或者使用与知名商品近似的名称、包装、装潢,造成和他人的知名商品相混淆,使购买者误认为是该知名商品的,监督检查部门应当责令停止违法行为,没收违法所得,可以根据情节处以违法所得 1 倍以上 3 倍以下的罚款;情节严重的,可以吊销营业执照;销售伪劣商品,构成犯罪的,依法追究刑事责任。

二、滥用权力行为

滥用权力行为,是指政府及其所属部门滥用行政权力,限定他人购买其指定的经营者的商品以及限制其他经营者正当的经营活动,或者限制商品在地区之间进行正常流通的行为。其具体表现是权力经商和地方封锁;其主要特征是,行为的主体是政府及其所属部门,并且它们滥用了行政权力,实施了限制竞争行为。

对政府及其所属部门的上述行为,根据《反不正当竞争法》第 30 条规定,由上级机关责令其改正;情节严重的,由同级或者上级机关对直接责任人员给予行政处分。被指定的经营者借此销售质次价高的商品或者滥收费用的,监督检查部门应当没收违法所得,并可以根据情节处以违法所得 1 倍以上 3 倍以下的罚款。

三、商业贿赂行为

商业贿赂行为,是指经营者在市场交易活动中,为争取交易机会,采用财物或者其他手段收买客户的雇员、代理人或者政府及其所属部门的工作人员的行为。其特征表现为:商业贿赂行为的主体,是从事市场交易的经营者;贿赂的对象,是经营者的交易相对人或对商业成交具有决定作用或重大影响的人;实施贿赂是经营者主观上的故意和自愿行为,是违反有关法律、法规规定的行为。

《反不正当竞争法》第 8 条规定:"经营者不得采用财物或者其他手段进行贿赂以销售或者购买商品。在账外暗中给予对方单位或者个人回扣的,以行贿论处;对方单位或者个人在账外暗中收受回扣的,以受贿论处。"由于商业贿赂方式多种多样,法律采用"财物或者其他手段"表述。实践中,"其他手段"通常指出国考察、免费度假、免费旅游、房屋修缮和装修、色情服务、入干股、解决子女或者亲属就业等等。

第 8 条还规定:"经营者销售或者购买商品,可以以明示方式给对方折扣,可以给中间人佣金。经营者给对方折扣人、给中间人的佣金,必须如实入账。接受折扣、佣金的经营者必须如实入账。"折扣是指在市场交易活动中卖方按照商品原定价格，或者服务原定收费或者成交价款总额，按一定百分比打折后向买方收取。它是卖方以明示的方式向买方的让利和优惠，是事先扣除的，是一种正常的降价销售。佣金是指在商品交易活动中买卖双方在成交后，由双方或者一方支付给具有独立地位的中间商或者中间人为双方介绍业务、提供服务、撮合成交的酬金；它是商业活动中经纪人得到的一种劳动报酬。折扣和佣金只要采取"明示"方式并"如实入账"，就不会产生消极影响。

第22条规定："经营者采用财物或者其他手段进行贿赂以销售或者购买商品，构成犯罪的，依法追究刑事责任；不构成犯罪的，监督检查部门可以根据情节处以人民币1万元以上20万元以下的罚款，有违法所得的，予以没收。"

根据上述法律规定，商业贿赂的不正当竞争行为，根据情节分别承担三种法律责任：

（1）刑事责任。构成商业贿赂罪的刑事责任的追究，依照《刑法》第163条、第164条的规定进行。对于公司、企业的工作人员利用职务上的便利，收受他人回扣等财物，为他人谋取利益，数额较大的，定受贿罪，处5年以下有期徒刑或者拘役；数额巨大的，处5年以上有期徒刑，可以并处没收财产。为谋取不正当利益，给予公司、企业的工作人员以财物，数额较大的，定行贿罪，处3年以下有期徒刑或者拘役；数额巨大的，处3年以上10年以下有期徒刑，并处罚金。

（2）行政责任。对于不构成犯罪的商业贿赂行为，应当承担行政责任。对于一般商业贿赂行为，按照《反不正当竞争法》的规定，由工商行政管理部门给予1万元以上20万元以下的罚款以及没收非法所得的行政处罚。

（3）民事责任。对于商业贿赂的不正当竞争行为，给被侵害的经营者造成损害的，应当承担赔偿责任。被侵害的经营者的损失难以计算的，赔偿额为侵权人在侵权期间因侵权所获得的利润；并应当承担被侵害的经营者因调查该经营者侵害其合法权益的不正当竞争行为所支付的合理费用。对不法行为人依法追究了刑事或者行政责任的，仍可以追究其民事责任。

四、引人误解的虚假宣传行为

引人误解的虚假宣传行为，是指在商业活动中，经营者利用广告或者其他方法，对商品的质量、制作成分、性能、用途、生产者、有效期限、产地等作引人误解的虚假宣传的行为。2006年12月30日最高人民法院发布的《关于审理不正当竞争民事案件应用法律若干问题的解释》第8条规定，虚假宣传行为包括：①对商品作片面的宣传或者对比的；②将科学上未定论的观点、现象等当作定论的事实用于商品宣传的；③以歧义性语言或者其他引人误解的方式进行商品宣传的。其法律特征是：行为人是商品经营者，其中包括广告经营者；宣传形式主要指广告宣传和其他形式，如信息发布会、商品展销会等；宣传的类型包括虚假宣传、引人误解的宣传；受损的直接对象是客户和消费者，间接对象包括遵守诚实信用原则和商业道德的同业经营者。

根据《反不正当竞争法》第 24 条规定："经营者利用广告或者其他方法，对商品作引人误解的虚假宣传的，监督检查部门应当责令停止违法行为，消除影响，可以根据情节处以人民币 1 万元以上 20 万元以下的罚款。"同时该条还规定："广告的经营者在明知或者应知的情况下，代理、设计、制作、发布虚假广告的，监督检查部门应当责令停止违法行为，没收违法所得，并依法处以罚款。"

五、侵犯商业秘密行为

商业秘密，是指不为公众所知悉、能为权利人带来经济效益、具有实用性并经权利人采取保密措施的技术信息和经营信息。它具有以下特征：不为公众所知悉；能为权利人带来经济利益；具有实用性；权利人采取了保密措施。

侵犯商业秘密的行为，是指行为人采取不正当的手段获取、披露、使用权利人的商业秘密，或者违反合同约定擅自允许他人使用权利人商业秘密的行为。根据《反不正当竞争法》的规定，该行为有以下四种表现：①以盗窃、利诱、胁迫或者其他不正当手段获取权利人的商业秘密；②披露、使用或者允许他人使用以前项手段获取的权利人的商业秘密；③违反约定或者违反权利人有关保守商业秘密的要求，披露、使用或者允许他人使用其掌握的商业秘密；④第三人在明知或者应知前三项侵犯商业秘密的行为是违法行为的情况下，仍然从侵犯商业秘密行为人那里获取、使用或者披露他人商业秘密的，也视为侵犯商业秘密。

对侵犯商业秘密的行为，除了应当向受损方承担相应的民事赔偿外，根据《反不正当竞争法》第 25 条规定，监督检查部门应当责令其停止违法行为，可以根据情节处以人民币 1 万元以上 20 万元以下的罚款。

六、倾销排挤行为

倾销排挤行为，是指经营者为了排挤竞争对手而以低于成本的价格销售商品的行为。倾销应具备以下三个条件：①经营者实施倾销的目的是为了排挤竞争对手；②经营者以低于成本的价格出售；③倾销必须持续一定的时间。

倾销排挤行为，从表面上看似乎对消费者是有利的，但实际上这种"利"只能是暂时的和短期的。行为人在取得客户甚至排除了竞争对手之后,有可能任意提高销售价格,侵害消费者利益。这种行为只不过是一种手段,其动机在于,通过实施该行为最终排挤竞争对手。

七、商业诽谤行为

商业诽谤行为,是指经营者为牟取不正当利益,通过捏造、散布虚假事实,借以损害竞争对手的商业信誉和商品声誉的行为。其构成要件是:行为主体大多是经营者自己,也可以是经营者唆使利用他人;行为人主观上出于故意,目的在于削弱竞争对手的市场竞争力,增强自己的市场竞争力;行为侵犯的对象是竞争对手的商业信誉和商品声誉。商业信誉是社会公众对经营者的积极评价;商品声誉是社会公众对商品的积极评价。商业信誉和商品声誉一旦遭到竞争对手的损害,对经营者的经营活动就会产生不利影响,失去市场竞争优势地位,甚至会导致严重的经济损失。

根据《反不正当竞争法》第20条规定,实施商业诽谤行为,给被侵害的经营者造成损失的,应当承担损害赔偿责任。同时也可以依据《民法通则》第120条的规定,要求行为人停止侵害、恢复名誉、消除影响、赔礼道歉。

八、搭售和附加不合理条件交易行为

搭售和附加不合理条件交易行为,是指经营者利用其经济优势,违背购买者的意愿,强行搭售商品或者附加其他不合理条件的行为。该行为的构成要件是:主体是在市场交易中处于优势地位,对销售商品有竞争目的的经营者;该经营者实施了搭售或者附加不合理条件交易的行为;经营者的"搭售"或"附加"行为必须是违背购买者意愿,主观上出于故意,客观方面已经给购买者造成了损失,并且导致了对市场正常竞争秩序的破坏。

根据《反不正当竞争法》第20条规定,经营者违反本法规定,给侵害者造成损害的,应当承担损害赔偿责任;被侵害的经营者的损失难以计算的,赔偿额为侵权期间因侵权所获得的利润;并应当承担被侵害的经营者因调查该经营者的不正当行为所支付的合理费用。被侵害的经营者的合法利益受到不正当竞争行为损害的,可以向人民法院提起诉讼。

九、不正当有奖销售行为

有奖销售行为，是指经营者销售商品或者提供服务时，以提供奖品或金钱的手段推销的行为。该行为的构成要件是：经营者实行了法律禁止的有奖销售行为；行为人的目的在于获得经济利益；行为人的行为后果损害了消费者和同行业竞争对手，或者存在这种损害的潜在可能。

有奖销售包括鼓励所有购买者的附赠有奖销售和鼓励部分购买者的抽奖式有奖销售。它是经营者的一种促销手段，正当的有奖销售是受到法律保护的。由于有奖销售具有利诱性质，经营者可以利用消费者的盲目性和投机心理促销，坑害消费者和其他经营者，造成不正当竞争，因此法律对于有奖销售作了限制。《反不正当竞争法》第13条规定："经营者不得从事下列有奖销售：①采用谎称有奖销售或者故意让内定人员中奖的欺骗方式进行有奖销售；②利用有奖销售的手段推销质次价高的商品；③抽奖式的有奖销售，最高奖的金额超过人民币5000元。"

根据《反不正当竞争法》第26条规定，违反上述规定，从事不正当竞争有奖销售的，监督检查部门应当责令停止违法行为，并可以根据情节处以人民币1万元以上10万元以下的罚款。

十、通谋投标行为

招标投标，是指以招标的形式，使投标者分别提出其条件，由招标者选择最优秀者并与之签订合同的一项法律制度。通谋投标，就是在投标过程中串通投标的行为。

招标投标作为国际贸易中一种通用的交易方式，在西方发达国家已有100多年的历史。但在我国实行招标投标的时间并不长，还存在一些不正当竞争行为。为了制止招标投标过程中不正当竞争行为，《反不正当竞争法》规定了招标投标中两种常见的不正当竞争行为：①投标者串通投标，抬高标价或者压低标价共同损害招标人利益的行为；②投标者与招标者相互勾结，排挤其他竞争对手，共同损害其他投标人的利益的行为。

构成招标投标中不正当竞争行为的要件是：行为主体应当是招标人或投标人；行为侵犯的客体主要是招标标的；主观上处于故意，都是为了限制竞争，共同损害招标人或投标人的利益；行为人实施了不正当竞争的行为，并因此而损害了招标、投标人及国家的利益。

根据《反不正当竞争法》第27条规定，投标者串通投标，抬高标价或者压低标价；投标者和招标者相互勾结，以排挤竞争对手公平竞争的，其中标无效。监督检查部门可以根据情节处以人民币1万元以上20万元以下的罚款。

此外，公用企业或者其他依法具有独占地位的经营者，限定他人购买其指定的经营者的商品，以排挤其他经营者的公平竞争，也属于一种不正当竞争行为。

第三节 不正当竞争行为的监督检查

一、监督检查部门

在我国对不正当竞争行为进行监督检查，分为专门机构的监督检查，以及其他组织和公民个人进行的社会监督。

《反不正当竞争法》第3条规定："县级以上人民政府工商行政管理部门对不正当竞争行为进行监督检查；法律、行政法规规定由其他部门监督检查的，依照其规定。"可见，我国对不正当竞争行为进行监督检查的部门主要是县级以上的工商行政管理部门。此外，也包括法律行政法规规定的有权进行监督检查的其他部门。例如，国家技术监督局有权对有关质量的不正当竞争行为进行监督；专利局和新闻出版署有权对与专利和新闻出版业有关的不正当竞争行为进行监督；国家旅游局有权对旅行社的不正当竞争行为进行监督；等等。但应当注意的是，只有县级以上的监督检查部门，才可以对不正当竞争行为进行监督检查。

监督检查部门的监督检查是法定的行政职责，有别于一切组织和个人对不正当竞争行为进行的社会监督。《反不正当竞争法》第4条规定："国家鼓励、支持和保护一切组织和个人对不正当竞争行为进行社会监督。国家机关工作人员不得支持、包庇不正当竞争行为。"《反不正当竞争法》第31条规定："监督检查不正当竞争行为的国家机关工作人员滥用职权、玩忽职守，构成犯罪的，依法追究刑事责任；不构成犯罪的，给予行政处分。"《反不正当竞争法》第32条规定："监督检查不正当竞争行为的国家机关工作人员徇私舞弊，对明知有违反本法规定构成犯罪的经营者故意包庇不使他受追诉的，依法追究刑事责任。"

二、监督检查部门的职权

(1) 询问权。监督检查部门有权按照规定程序询问被检查的经营者、利害关系人、证明人，并要求提供证明材料或者不与不正当竞争行为有关的其他材料，被询问的人应当如实提供。

（2）查询复制权。监督检查部门有权查询、复制与不正当竞争行为有关的协议、账册、单据、文件、记录、业务函电和其他资料。

（3）检查权。监督检查部门有权对与法律规定的假冒名牌行为有关的财务账目进行检查，必要时可以责令被检查的经营者说明该商品的来源和数量，也可以责令其暂停销售，听候检查，不得转移、隐匿、销毁该财务账目。

（4）处罚权。监督检查部门有权对不正当竞争行为进行行政处罚。处罚的具体形式包括责令停止违法行为、消除影响、没收违法所得、吊销营业执照、处以罚款等。

分析与思考

1. 不正当竞争行为的构成要件有哪些？
2. 反不正当竞争法的基本原则是什么？
3. 不正当竞争行为主要有哪几类？
4. 对不正当竞争行为进行监督检查的行政部门具有哪些权限？

案　　例

[案例1]　商标与公司名称混淆

法国"希某黎"起诉深圳"希某汀"案

〖案情介绍〗

2005年1月24日，法国C.F.E.B希某黎有限公司（下称"希某黎公司"）以仿冒知名商品特有包装为由，将深圳市希某汀化妆品有限公司、深圳市希某汀贸易商行、深圳市富怡希某汀实业有限公司（下简称"希某汀公司"）告上深圳市中级人民法院，提出了请求判令三被告立即停止生产、销售所有侵权产品，销毁所有侵权产品和相应的产品包装，赔偿经济损失50万元等诉讼请求。

希某黎公司称，sisley希某黎是世界知名的美容产品及化妆品品牌，自1976年创始至今，畅销世界60多个国家和地区。2000年2月获准进入中国市场，相继有100多种产品进入市场销售。几年来，公司开展了大量广告宣传，先后在中国具影响力的时尚报刊为产品做宣传，年均广告费用达100余万元。2000年至今，公司已在北京、上海、广州等地设立13个销售专柜，2002~2004年的年销售额分别达到1112.8万元、1401.3万元和2602.3万元，sisley希某黎这个世界知名品牌已逐步为中国消费者所熟悉，成为中国化妆品高端市场的主角之一。

希某黎公司诉称，三被告人生产、销售的产品采用了原告商标相近似的图案和相近似的公司名称，足以造成与自己公司产品混淆，引起消费者的误认；被告产品几乎覆盖了原告产品体系，销售价格远低于原告产品价格，且已获取了巨大的不正当利益，严重侵犯了原告的经济利益。请求法院支持自己诉讼请求。

【处理】

一审法院认定侵权行为不成立。希某黎公司向广东省高级人民法院提出上诉。

广东省高级人民法院最终认为法国 C. F. E. B 希某黎有限公司所提交的证据足以证明其"sisley"系列产品在我国已达到知名商品的程度，应认定为知名商品，希某汀公司等被告行为构成不正当竞争。于是作出撤销一审判决、希某汀公司等被告立即停止生产、销售侵权产品并赔偿希某黎公司经济损失 10 万元等终审判决。

【法理分析要点】

如何确定知名商品的认定标准？

[案例2]　不正当竞争、专利侵权

美国鸿某国际公司诉北京市西城区馨某快餐厅案

【案情介绍】

原告自 1983 年来华投资，目前在北京就设有 20 余家"美国加州牛肉面大王"连锁店，原告的"红蓝白"装饰牌匾于 1993 年 11 月 3 日获得外观设计专利，专利号为 ZL92308301.4。原告于 1993 年 9 月向国家工商局商标局提出申请，请求将"美国加州牛肉面大王"注册为服务商标，但该申请至今未获得批准。被告北京市西城区馨某快餐厅于 1993 年 4 月 1 日开业。该餐厅自开业以来，在店的横幅牌匾上打出了"美国加州牛肉面大王"的名称，其横幅牌匾的颜色依次红白蓝，该餐厅亦有很高的霓虹灯招牌，上面书有"美国加州牛肉面大王"字样。1993 年 6～7 月间，经原告方请求，北京市西城区展览路工商所责令将被告横幅牌匾上的"美国加州牛肉面大王"及霓虹灯上的"国"、"州"两字去掉，将被告横幅匾上及霓虹灯上的字样改为"美加牛肉面大王"，"国"、"州"两字在横幅牌匾及霓虹灯上的空缺仍在。

原告诉称：被告北京市西城区馨某快餐厅自开业以来，擅自打出"美国加州牛肉面大王"专有名称，冒用原告的"红蓝白"外观设计专利，极大地损害了原告的经济利益、商誉及消费者的权益，被告行为已构成不正当竞争，故请求法院判令被告停止侵权、登报道歉，赔偿原告商誉损失及律师代理费 50 万元。

被告辩称：被告使用原告的"美国加牛肉面大王"名称及其"红蓝白"标识是经过原告法定代表人吴京红许可的。而且，被告餐厅的横幅牌匾颜色的排列顺序为"红白蓝"，这与原告标识颜色的排列顺序不同，不会导致消费者的误认。另外，原告"美国加州牛肉面大王"名称并未获得商标注册，原告对该名称不享有专用权，因此被告使用该名称不构成侵权，请求驳回原告的诉讼请求。

〖处理〗

法院经审理认为：原告连锁店经营的牛肉面在消费者中有一定的知名度，应认定为知名商品。被告的行为不仅侵犯了原告的外观设计专利权，同时也侵害了原告知名商品特有的装潢，其行为亦构成不正当竞争。据此，依照《民法通则》第134条第1款第1项、第7项、第10项，《专利法》第59条第2款，《反不正当竞争法》第5条第2款以及《商标法》第3条之规定，判决如下：

（1）被告立即停止侵犯原告"红蓝白"外观设计专利权的行为。
（2）被告立即停止使用"美国加州牛肉面大王"名称。
（3）被告支付原告商誉损失费8万元、律师费1.6万元，总计9.6万元。
（4）被告在北京地区公开发行的一家报纸上刊登声明，向原告赔礼道歉。
（5）驳回原告的其他诉讼请求。

〖法理分析要点〗

1. 只有注册商标才能享有专用权，原告虽已申请注册但未获准，但其装饰牌匾已获外观设计专利。
2. 注意商品的外观装潢、外观设计与商标的区别。

[案例3] 同类商品的认定

"股神"与"股神2000"之争

〖案情介绍〗

原告声称：1997年11月，其自主开发研制并由清某大学出版社出版了股市操作类软件产品"股神"。该软件自问世以来，一直位于同类产品销售量前列，占有相当的市场份额，且有较高的知名度，已成为知名商品。1999年4月28日，原告取得第1268788号商标注册证，在第九类商品范围内对"股神"商标享有专用权。自2000年开始，被告在其软件产品外包装上冠以"股神2000"的名称，而内装软件的名称是"股市经典"。同时，被告在该公司的网站主页上宣传其开发的"股市经典"时，还使用了"股神2000"和"股神2000隆重上市"等字样。为此，原告认为，被告的上述行为，使消费者将"股市经典"误认为"股神"的升级换代产品，侵犯了原告的合法权益。故诉请法院判令被告：

（1）立即停止销售侵权产品，消除所有侵权产品的包装、装潢，并删除其网站主页上的不实宣传。

（2）公开赔礼道歉、消除影响，并在其网站主页以及《电脑报》、《电脑商情报》上登载致歉声明。

（3）给原告赔偿经济损失20万元。

被告辩称：

（1）"股神"商标核定使用的商品范围是第九类的"计算机硬件"，不包括"软件"。原告将"股神"商标用于其开发的软件上，是擅自扩大商标使用范围。就此，我中心已向国家商标局提出撤销注册不当商标的申请。

（2）"股神2000"是我中心独立开发的股票分析软件，其设计和包装与原告的"股神"软件完全不同，二者之间没有任何联系，更不是该软件的升级版。

（3）被告产品的外包装上使用"股神2000"字样，是因为这是被告另一商品"财神2000"的系列产品。这两种软件在产品包装、名称、字体方面是一致的，与原告的"股神"软件完全不同，且在包装显著位置上注明是由被告开发。

（4）原告在起诉书中称"股神"产品为知名商品，与事实不符。从产品销量、市场占有率方面看，该产品均不是第一位，北京软件代理商销量排行榜也证明了这一点。

基于以上理由，法院应当驳回原告的全部诉讼请求。

〖处理〗

法院经审理后判决：

（1）自判决生效之日起，被告停止在其"股市经典"软件的包装及相关的广告宣传中使用"股神"二字。

（2）自判决生效之日起30日内，被告在《电脑报》和其网站主页上刊登声明，向原告公开致歉。

（3）自判决生效之日起10日内，被告赔偿原告经济损失2万元。

〖法理分析要点〗

1. 计算机硬件与计算机软件均属商品分类表中的同一大类，其注册商标不能相同或者近似。

2. 和他人的知名商品相混淆是误导消费者的不正当竞争行为。

第七章　商业秘密

第一节　概　　述

　　随着我国市场经济的发展，市场竞争日趋激烈，企业间的竞争策略也日益复杂。企业要保持其优势以在竞争中立于不败之地，努力维持其特有的商业秘密乃是一项十分有效的措施，它往往成为企业成败的关键一环。因此，国家把商业秘密纳入了相关法律保护范围，以利于建立和维护正常的市场运行机制。

　　商业秘密是国际上较为通用的法律术语，在有的国家又称之为工商秘密。所谓商业秘密，是指"不为公众所知悉、能为权利人带来经济利益、具有实用性并经权利人采取保密措施的技术信息和经营信息"。我国《反不正当竞争法》第10条、国家工商行政管理局《关于禁止侵犯商业秘密行为的若干规定》以及我国《刑法》第219条均采用了这一定义。从这些规定中不难看出，在我国，商业秘密与技术秘密是不能等同的，技术秘密仅仅是商业秘密的组成部分。

　　过去，我国法学界讨论较多的是技术秘密，在有关法律、法规中对技术秘密作了不同程度的规定。商业秘密作为法律术语，在我国最早出现在1991年4月修订颁布的《民事诉讼法》中。1992年，中、美两国政府签订了《关于保护知识产权的谅解备忘录》，我国政府表示将保护商业秘密，并尽快向立法机关提交立法议案。1993年颁布的《反不正当竞争法》，对商业秘密的范围、构成商业秘密的条件及侵犯商业秘密的几种行为，作了比较全面的规定。1994年颁布的《劳动法》，进一步明确了劳动合同中有关商业秘密的问题。1995年国家工商行政管理局发布《关于禁止侵犯商业秘密行为的若干规定》，进一步加大对商业秘密的保护力度。1997年3月14日修订的《刑法》增加了侵犯商业秘密罪，使我国商业秘密法律保护体系日趋完备。

第二节 商业秘密的法律特征与侵权行为

一、商业秘密的法律特征

商业秘密的特征与商业秘密的定义密切相关。总的来说,商业秘密有六个主要特征:

(1) 经济性。即具有商品价值和使用价值。商业秘密能为持有人带来经济利益,一旦泄露就会给持有人造成经济损失。不管花了多大的投资,研究出来的成果若没有这种经济性,就不符合商业秘密的概念。从经济学角度看,商业秘密的这种经济性就是表现为财产物质权益的知识形态商品。从法律学角度看,它可作为财产权利有偿转让,商业秘密的权利人具有占有、利用、处分商业秘密的权利,有制止他人无正当理由获取、利用商业秘密的权利。

(2) 秘密性。这是商业秘密与专利及其他知识产权一个最显著的区别。商业秘密主要以秘密状态维持其经济价值,一旦公开,其经济价值就会完全或部分丧失。商业秘密的秘密性在于只有它的所有人和经所有人授权的人才能知道它。

(3) 难知性。难知性有两层含义:一是商业秘密的拥有人为了切身的经济利益及竞争的需要,必然千方百计采取一切有效措施使商业秘密的秘密性得以维系,因此难知;二是商业秘密应具有较高的创新性,一般不易被他人总结研究而破密。如果不具备这些条件,同样不可能成为实质意义上的商业秘密。

(4) 历史性。商业秘密所含的信息不是偶然出现的内容,而是多年实践经验和知识积累的结果,并可能随着时间的推移而发生变化。商业秘密存在三种发展变化的可能性:一是随着秘密的公开或扩散而转化为公知公用的通用技术和普通经营方法;二是通过有效的保密而始终维持其秘密性和经济性,并未随着时间的推移而老化衰竭;三是经过进一步开发、完善,使商业秘密得到增值,并仍保持其秘密性。

(5) 合法性。商业秘密必须通过合法的方式原始取得或继受取得,如自己总结研究、合法许可、继承、转让等。通过不正当手段获得的商业秘密,不仅不能得到法律的保护,反而要承担一定的法律责任。

(6) 风险性。也叫无绝对排他性。权利人不能以商业秘密为由对抗正当的竞争,即不能阻止他人独立研究开发出不谋而合的技术,也不能追回从自己手中逸出的商业秘密,更不能追究善意第三人的责任。

二、侵犯商业秘密的行为

侵犯商业秘密的行为，就是指不正当地获取、披露或利用权利人商业秘密的行为。就《反不正当竞争法》第10条的规定来看，侵犯商业秘密的行为有以下几种：

（1）盗窃、利诱、胁迫或者其他不正当手段获取权利人的商业秘密。所谓盗窃，是以非法占有为目的秘密地占有他人的商业秘密。作案的可能是单位内部职工，也可能是外部人员，甚至是单位盗窃；作案的手法如窃取图纸、配方，窃听客户电话，偷拍图纸等。利诱是指以物质利益（如高薪）或其他利益（如女色）为诱饵，常见的手段是挖墙角。胁迫是指给权利人实施精神强制，以损毁其名誉、荣誉、生命健康或财产为要挟，迫使其交出商业秘密的行为。其他不正当手段包括骗取、收买、抢劫等。

（2）披露、使用或者允许他人使用以盗窃、利诱、胁迫或其他不正当手段获取的权利人的商业秘密。披露即使之公开。商业秘密一旦公开，必将损害商业秘密权利人的权益。披露并不一定处于谋利的动机，有时也可能出于报复泄愤的动机。使用或允许他人使用，是指利用商业秘密谋取利益，如从中收取信息费、转让费等，当然无偿转让同样构成侵权。

（3）违反约定或者违反权利人有关保密要求，披露、使用或允许他人使用其所掌握的商业秘密。当行为人通过合法的手段获得了权利人的商业秘密时，违背其根据合同或职责所应履行的保密义务，披露、使用或者允许他人使用商业秘密。此类作案者主要有：①因工作关系需了解商业秘密的雇员、法律顾问、律师、会计师等；②权利人的业务伙伴，如供货商、经销商、协作厂家等；③付出使用费后取得商业秘密使用权的受让人；④依法履行职责时知悉商业秘密的国家机关及其工作人员。

此外，第三人明知或应知前述三类侵犯权利人商业秘密的违法行为，而获取、使用或者披露他人商业秘密的，也视为侵犯商业秘密。

三、不应视为侵害商业秘密的行为

根据最高人民法院《关于审理不正当竞争民事案件应用法律若干问题的解释》第9条规定，具有下列情形之一的，可以认定有关信息不构成不为公众所知悉：①该信息为其所属技术或者经济领域的人的一般常识或者行业惯例；②该信息仅涉及产品的尺寸、结构、材料、部件的简单组合等内容，进入市场后相关公众通过观察产品即可直接获得；③该信息已经在公开出版物或者其他媒体上公开披露；④该信息已通过公开的报告会、展览等方式公开；⑤该信息从其他公开渠道可以获得；⑥该信息无需付出一定的代价而容易获得。

另外，有下列行为之一者，不应视为侵害商业秘密行为：①独立开发、研制而获取或使用与他人商业秘密相同或近似的技术信息、经营信息；②根据公知知识，对公开的文献、产品或信息加以观察、研究而获取和使用他人的商业秘密；③经权利人授权包括明示或默示同意，而获取商业秘密；④以其他善意方法获取、使用或者披露他人的商业秘密。

第三节　商业秘密的法律保护

侵犯商业秘密行为发生在经济领域，尤其以竞争性行业或领域为多，因此各国立法均通过《反不正当竞争法》或《公平竞争法》、《企业秘密法》、《民法》或《商法》等加以制裁。我国已建立了一个包括民法保护、行政法保护和刑法保护的商业秘密法律保护体系。

一、对商业秘密的民事保护

侵犯商业秘密行为多为民事违法行为。行为人侵犯他人商业秘密承担的民事责任主要分为违约责任和侵权责任。

违约责任是权利人与侵权人订有协议，后者违反约定侵犯权利人商业秘密时所应承担的责任。我国《技术合同法》中规定，技术合同的条款一般应当包括技术情报和资料的保密，非专利技术转让合同的转让方和受让方应承担合同的保密义务；并规定如果违反这些义务，必须承担违约责任和赔偿责任。修改后的《中华人民共和国合同法》同样作了相同的规定。侵权责任是指侵权人以不法手段侵犯权利人商业秘密时所应承担的民事责任。根据我国《民法通则》和《反不正当竞争法》等规定承担侵权责任的方式主要有停止侵害、消除影响和赔偿损失三种，其中赔偿损失是最主要的方式。

二、对商业秘密的行政保护

侵犯商业秘密行为大多是不正当竞争行为，对社会经济秩序尤其是竞争秩序造成损害。因此我国《反不正当竞争法》规定，各级人民政府都有采取措施，制止不正当竞争行为的义务，为公平竞争创造良好的环境和条件。据此，县级以上工商行政管理部门对侵犯商业秘密行为享有认定处理权。侵权人对违法披露、使用、允许他人使用商业秘密将会给权利人造成不可挽回的损失的,应权利人请求,工商行政部门可以采用扣留侵权人非法获取的载有商业秘密的图纸、软件及有关资料,责令停止销售使用权利人商业秘密生产的产品等措施。对于侵犯商业秘密的,工商行政管理机关有权责令停止违法行为,并可视情节处以 1 万元以上 20 万元以下的罚款。对于侵权物品,或责令并监督返回,或监督侵权人销毁使用权利人商业秘密生产的流入市场将会造成商业秘密公开的产品。

三、对商业秘密的刑法保护

对于侵害商业秘密的行为,法律只规定了侵害人的民事责任和行政责任是不够的,有些侵害商业秘密的行为会严重损害国家和公众的利益,扰乱社会经济秩序。为此,我国《刑法》修订时增加了侵犯商业秘密罪专条。根据新《刑法》第 219 条之规定,侵犯商业秘密行为,给商业秘密的权利人造成重大损失的,处 3 年以下有期徒刑或者拘役,并处或单处罚金;造成特别严重后果的处 3 年以上 7 年以下有期徒刑,并处罚金。不仅如此,针对侵犯商业秘密的企业行为,作出了对法人犯罪适用双罚制的规定,单位侵犯他人商业秘密的,对单位判处罚金,并对其直接负责的主管人员和其他责任人员同样依照上述规定处罚。

第四节 企业内部对商业秘密的保护

一、企业内部商业秘密保护制度

企业保护商业秘密的规章制度以及商业秘密保护合同,是企业商业秘密保护的主要形式。国家工商行政管理局《关于商业秘密构成要件问题的答复》(工商公字〔1998〕第 109 号)规定:"权利人采取保密措施,包括口头或书面的保密协议、对商业秘密权利人的职工或与商业秘密权利人有业务关系的他人提出保密要求等合理措施。只要权利人提出了保密要求,商业秘密权利人的职工或与商业秘密权利人有业务关系的他人知道或应该知道存在商业秘密,即为权利人采取了合理的保密措施,职工或他人就对权利人承担保密义务。"企业保护商业秘密的规章制度以及商业秘密保护合同,也是法院判断商业秘密的秘密性主要依据,是是否予以法律保护的事实条件和主要证据。

保护商业秘密不需要明示的合同存在,因为商业秘密权是法律创设的权利,不是合同创设的权利。虽然法律义务不依赖于合同义务，但是绝对不能因此忽视企业保护商业秘密的规章制度以及商业秘密保护合同的重要作用。根据权利人的合理要求或双方约定，在诉讼中比较容易地根据合同法原则，得到法院的确认、支持，使权利人的权利具有确定性，保护起来省时省力。在没有发生侵权行为之前，应当积极推行企业保护商业秘密的单方要求和商业秘密保护合同，不要单纯依靠法律保护。在平时越是注意合同保护，在发生侵权后，就越能获得《反不正当竞争法》的保护。

在我国法律关于商业秘密认定弹性较大的今天，企业保护商业秘密的规章制度以及商业秘密保护合同，应当将商业秘密的定义及范围约定较宽为宜：不但包括重要的商业秘密，而且包括有正当理由要求保护的一般保密信息，防止某些保密信息由于秘密性、新颖性不高，被职工的知识、经验、技能所吞没。最高人民法院《关于审理不正当竞争民事案件应用法律若干问题的解释》第11条规定，具有下列情形之一，在正常情况下足以防止涉密信息泄漏的，应当认定权利人采取了保密措施：①限定涉密信息的知悉范围，只对必须知悉的相关人员告知其内容；②对于涉密信息载体采取加锁等防范措施；③在涉密信息的载体上标有保密标志；④对于涉密信息采用密码或者代码等；⑤签订保密协议；⑥对于涉密的机器、厂房、车间等场所限制来访者或者提出保密要求；⑦确保信息秘密的其他合理措施。

二、现代企业商业秘密保护体系的建立

根据我国目前商业秘密法律保护现状，现代企业应当从以下几个方面建立商业秘密保护体系：

（1）制定一个全面、完善的商业秘密保护规章制度，它是企业内部保护商业秘密的基本依据，也是合理的保密措施之一。

（2）秘密管理的起点和第一个要防备的对象，就是企业内部的职工。与职工签订商业秘密保护合同，可以增加职工的保密意识，也是对泄密职工主张权利的主要证据。

（3）完善物理性保密措施，包括：厂区、办公区的保密措施；生产设备、过程的保密措施；对原材料、模具的保密措施；对文件的保密措施；计算机的保密措施；对废弃物的管理。

（4）加强对人的管理，包括：对外来人员驻留的管理；对在职职工的管理；对离职职工的管理。

（5）加强对外交流、合作、洽谈中商业秘密的管理。

在今天知识经济时代，商业秘密已成为人类智力成果最重要的表现形式之一。随着世界经济发展一体化，掌握一定的商业秘密是取得国际竞争优势的重要手段。在我国社

会主义市场经济法制建设过程中,商业秘密保护法的重要性日趋明显,加强对商业秘密保护法的理论研究和对商业秘密的法律保护已经成为人们的共识。现有的保护商业秘密的法律规范分布在不同的法的部门之中且不统一,这一现实与加强对人类智力成果的法律保护、促进科技发展的世界潮流不相吻合,也在很大程度上阻碍了我国市场经济的发展,我国应该尽快颁布商业秘密保护法。

分析与思考

1. 何谓"商业秘密"?
2. 商业秘密的基本法律特征是什么?
3. 侵害商业秘密的行为有哪些?
4. 现代企业内部应该怎样建立商业秘密保护体系?

案　　例

[案例1]　窃取商业秘密

卧底窃取商密,主犯被判有罪

〖案情介绍〗

2003年2月,身为郑州丰某公司大股东、总经理的杨某,隐瞒其真实身份,来到地处深圳市龙岗区的深圳市科某达电器设备有限公司求职,被科某达公司任命为研发中心主任,负责公司技术创新和产品研发、更新换代,并被授予调阅、使用公司所有技术资料和研发设备的权限。当年4月下旬,杨某不辞而别。不久,科某达公司发现郑州丰某公司推出了与其主打产品相同的产品,并以不到科某达公司产品价格的1/3到处竞标,造成科某达公司产品市场占有率急速下降。当科某达公司发现丰某公司的法定代表人就是不辞而别的前研发中心主任杨某时,立即决定向公安机关报案。

公安机关经过充分的侦查,于2004年12月16日在丰某公司将杨某抓获归案,并提取到相关物证、书证。2005年1月21日,检察机关批准逮捕杨某,并于2005年5月8日向法院提起公诉。

〖处理〗

一审法院经审理查明,被告人杨某在科某达公司工作期间,利用自己的权限,接触并获取大量关于DEL/DEM型定量给料机、DLD固体流量计的核心受控资料。经权威部门鉴定,科某达公司的定量给料机、固体流量计的生产图纸中包含非公知技术,仪表的源程序也属于非公知技术信息。而在丰某公司提取的文件中包含上述非公知技术文件,其中控制仪表的源程序包含与科某达公司相同的源程序文件。经过法庭质证,广东省深圳市龙岗区人民法院以侵犯商业秘密罪一审判决杨某有期徒刑7个月。

〖法理分析要点〗

根据此案的教训，一个企业应该怎样完善自己的商业秘密保护制度？

[案例2]　商业秘密的刑事保护

深圳某五金首饰厂诉方某某等侵害技术秘密案

〖案情介绍〗

1994年12月潘某某在深圳某区开办了某五金首饰厂（以下简称"某首饰厂"），生产各种型号的平底和圆底爪链。潘某某所生产的爪链产品投入市场后，获得良好的经济效益。为保护自身利益，潘曾多次要求该厂的技术工人对其掌握的技术进行保密，不准将该厂的技术外传，并采取了产品图纸专门管理、设立谢绝参观的警示牌以及门卫制度等措施防止其技术外泄。

上海某饰品有限公司（以下简称"饰品公司"）是以被告人方某某为法人代表的独资公司，以爪链为主要配件，制造、加工首饰。1997年7~8月份，方某某与被告人林某某等人合股开始生产爪链产品，并将生产车间挂靠到饰品公司成为该公司的一配件厂，直至2000年3月，该配件厂才独立注册成为上海某五金饰品有限公司（以下简称"五金公司"），由方某某控股。爪链的模具生产及模具的安装、调试、维修是生产该产品的关键。股东之一的被告人林某某因某首饰厂生产爪链的技术较好，遂起意挖走该厂的技术工人。1998年初，林赶到深圳，经介绍先后联系上了被告人向某某、黄某某、李某兵、李某润等人，当林了解到以上4人分别是某首饰厂生产、维修圆底、平底爪链模具的技术工人时，就许以高薪，请以上被告人去饰品公司打工，负责生产同某首饰厂同样的模具，生产同样的产品。向某某、黄某某、李某兵、李某润先后到饰品公司后，被告人方某某、林某某再次以高薪、分红等方式利诱以上四被告人，要求他们开发出与某首饰厂同样的模具用于生产爪链。4人帮饰品公司开发出同某首饰厂一样的爪链模具，并投入生产销售和使用。后又见该产品颇有市场前景，于2000年底先后离开饰品公司，在浙江省义乌市江东南路、机场路等处办厂，继续使用某首饰厂的技术，生产爪链产品牟利，直至案发。经知识产权鉴定中心鉴定：某首饰厂的爪链模具技术是首饰行业中一般人员所不知悉的技术。经计量质量检测研究院检验：五金公司及被告人向某某、黄某某、李某兵、李某润自己办厂后开发出的爪链模具同某首饰厂的工作原理基本相同；模具的固定方式、拼装、排列顺序、对应部件等技术与某首饰厂相同和相近。资产评估有限公司评估：被告人方某某、林某某、向某某、黄某某、李某兵、李某润的行为给某首饰厂造成经济损失共计人民币1160万元。

【处理】

一审法院判决6名被告人无罪,经抗诉,二审法院依法作出有罪改判,以侵犯商业秘密罪分别判处被告人方某某、林某某有期徒刑3年,缓刑4年;被告人向某某有期徒刑2年,缓刑3年;被告人李某兵、黄某某、李某润有期徒刑1年6个月,缓刑2年。

【法理分析要点】

1. "不为公众所知悉"构成要件中的公众标准是否泛指所有自然人。
2. "采取保密措施"构成要件中的保密措施是否仅限于书面保密协议。

[案例3] 专有技术与已有技术

小某科技公司诉链条厂等侵害商业秘密案

【案情介绍】

小某科技公司于1998年开始生产链条套筒,并于同年9月15日将"卷制链条套筒系列模具及勒圆模的上钉座、磷化程序加温箱等加工工艺"向绩溪县保密局申报商业秘密备案,其中用于冲压设备的连续模具于1999年5月31日向国家专利局申请实用新型专利。张某飞、冯某洲原系小某科技公司聘用人员。1998年6月6日,张某飞与小某科技公司签订《合同议约》一份,约定:乙方(张某飞)要有爱厂如家的思想,视厂方利益为本人利益,对甲方(小某科技公司)某些特殊技术负有保密责任;乙方须缴纳押金500元,三年期满退还;乙方在应聘期内必须保守公司生产业务用的一切技术资料,不得外借、外传或转让,否则将承担法律责任等。1999年11月15日,张某飞又与链条厂签订了劳动合同书。1999年2月,冯某洲到链条厂工作。

1998年7月26日,链条厂从安徽飞某黄山链条传动有限公司购置28A卷管模具一副,后于1999年2月份开始生产链条套筒。小某科技公司发现后,即找张某飞了解情况。同年2月27日,张某飞在写给小某科技公司的"请公司领导给予谅解说明"中称:"我利用对工艺技术方面工作之便,提供给链条厂一些技术资料,目前已收回我提供的全部原件,但我无法保证链条厂是否保留了复印件。"为此,小某科技公司于同年3月1日致函链条厂称:"①立即送回经张某飞之手盗入你厂的属本公司所有的全部技术资料及其复印件。②本公司目前生产链条套筒的模具,是本公司的法定代表人许某益设计,具有新颖性、创造性和实用性,在全国独一无二,因此属于专有技术。没有本公司的技术资料,不可能加工出与本公司在结构原理上完全一致的链条套筒模具。本公司并不反对你厂生产与本公司同一型号的链条套筒,但本公司有权制止你厂用本公司的技术资料加工成的在结构原理上与本公司完全一致的模具生产链条套筒,请你厂收到本声明后即行拆卸并销毁与本公司在结构原理上完全一致的模具,否则,本公司将通过法律来保护自身的工业产权。"同年12月10日，小某科技公司以链条厂、张某飞、冯某洲侵犯其链条套筒模具及工艺技术和客户名单等商业秘密为由，向原审法院提起诉讼，请求判令三被告立即停止侵害其商业秘密的行为，链条厂返还以不正当手段获取的链条套筒模具的图纸资料，销毁侵权模具；赔偿经济损失500万元，由三被告承担连带赔偿责任；三被告公开赔礼道歉，承担本案全部诉讼费用。

〖处理〗

原审法院经审理后判决：小某科技公司生产链条套筒的技术经鉴定部门鉴定属行业已有技术，而非专有技术，且小某科技公司与链条厂套筒卷制模具图纸并不完全相同，链条厂模具不是按小某科技公司图纸制造的，因此，不能认定链条厂侵犯了小某科技公司的技术秘密。小某科技公司主张链条厂和冯某洲侵犯了其经营信息，缺乏证据证明，该院不予采信。据此，该院依照《中华人民共和国民事诉讼法》第64条第1款、《中华人民共和国反不正当竞争法》第10条第3款之规定，判决：驳回小某科技公司的诉讼请求。一审案件受理费35010元、保全费5520元、技术鉴定费16000元，由小某科技公司负担。

小某科技公司不服原审法院的上述判决，提起上诉。上诉法院依法审理后认为，原审判决认定事实清楚，适用法律正确，依法驳回上诉，维持原判。

〖法理分析要点〗

1. "公知技术"与"技术秘密"的甄别。
2. 公知技术获取与使用的正当性。

参考文献

1. 王救文编著. 知识产权保护简明教程. 北京：中国铁道出版社, 2003
2. 刘文华主编. WTO 与中国知识产权制度的冲突与规避. 北京：中国城市出版社, 2001
3. 吴汉东主编. 知识产权法学. 北京：北京大学出版社, 2000
4. 郭禾主编. 知识产权法案例分析. 北京：中国人民大学出版社, 2000
5. 江瀛主编. 怎样保护知识产权. 北京：人民法院出版社, 2000
6. 朱万昌主编. 中国知识产权报 广东新闻作品汇编（2003~2007）. 广东省知识产权局, 2008